Non censuré

Ute Lemper

Non censuré

*traduit de l'allemand
par Franka Günther
et Jean-Claude Feugnet*

Albin Michel

Titre original :

UNZENSIERT

© Henschel Verlag GmbH, Berlin, 1995

Traduction française :

© Éditions Albin Michel, S.A., 1997
22, rue Huyghens 75014 Paris

ISBN : 2-226-09275-7

Prélude

Lorsqu'on me demande : Mais qui êtes-vous réellement ?
Chanteuse, danseuse, actrice,
éclectique, collectionneuse de rongeurs,
Westphalienne, Ostrogothe, factrice, majorette,
dent d'un édenté ?
Je réponds :
Le marché aux puces est ouvert jusqu'à dix heures le soir,
Toutes les grenouilles ont été vendues *.

---

* En français dans le texte.

1

Vienne : le dernier métro

L'homme gisait près des rails, broyé contre le mur. Il avait un sourire de fou, les yeux grands ouverts, et il levait le bras, celui qui lui restait, comme un noyé. Son tronc était coupé en deux, il avait encore la tête, la moitié du corps, un bras et une jambe. Il y avait peu de sang, étonnamment peu, les intestins étaient répandus sur le ballast et la voie comme à l'étal d'une boucherie. On pouvait facilement deviner où se trouvait la seconde moitié du tronc. Les roues du métro viennois avaient probablement entraîné la viande manquante.

L'homme restait conscient, éveillé et attentif comme s'il observait ce qui lui arrivait. Il poussait de faibles gémissements impuissants. Difficile de savoir s'il souffrait. Sans doute le choc de la blessure avait-il paralysé le système nerveux. Sa vie faisait semblant de ne pas être terminée. Il était environ 23 h 30. Le dernier métro avait achevé son œuvre.

Les gens, peu nombreux, ouvraient de grands yeux fatigués, désintéressés, dégoûtés. Il s'agissait d'un clochard que la boisson avait précipité dans le malheur. D'un air bête, certains chuchotaient à la viennoise, sur un ton plaintif : « Ça, il ne l'a pas volé, cet ivrogne. » Les entrailles battaient, et personne ne pensait à appeler les secours. La main du mutilé s'agitait. Epuisés par leur quotidien, quelques voyageurs s'en allaient. L'estomac de ceux qui restaient se retournait sous le choc. Ma raison vacillait. Après dix longues minutes, quelqu'un appela enfin une ambulance. Le bras s'agitait toujours violemment. Peut-être l'alcool avait-il fait perdre la tête à cet homme.

Les gens partaient, un peu honteux d'espérer que l'espoir existait encore. Séparé du tout, on vit de demi-vérités. Au stand de saucisses au coin de la rue, des morceaux de graisse bouillonnaient gloutonnement. Les intestins farcis étaient avalés. Des gouttes d'huile chaude tombaient sur les âmes dégoulinantes. L'heure du dernier métro était celle de la diffamation. Ceux qui se cachaient pendant la journée sortaient de leurs maisons brunes. Portant dans leur cœur comme dans leur esprit la parole du dictateur vénéré, ils échangeaient leurs fétiches et se pourléchaient de leurs hymnes dans la vapeur des debreczins et des croix gammées. « Hitler, lui, c'était encore un vrai mec. Il a pris les choses en main. Il savait ce qu'on valait. Ces temps-là devraient revenir, et le plus vite possible, sinon tous ces salauds d'étrangers vont nous foutre la merde. »

Il était presque minuit, mais personne ne s'en était vraiment aperçu.

J'avais tout juste vingt ans et j'étais étudiante en art dramatique.

2

Des âmes en plexiglas

J'affronte des ouragans de papier blanc et je suis seulement étonnée que la force du vent me suggère parfois des diableries. Des coups bas assenés à l'estomac et qui me mettent K.O. accompagnent les maux de tête provoqués par les souvenirs et les crises de rire. Je traverse en courant des terrains de jeux pleins de verdure ou de dioxyne, et je tombe des portiques sur le sable ou la paille de fer. Dans ma tête, je suis dans un lointain pays, au diable.

Mais mon éditeur me talonne et me demande de lui donner quelque chose de bien.

Les fronts sont établis. Je peux m'installer à la mangeoire de ma cuisine mentale, cuisiner et dévorer ce qui s'y fait. Dans le feu de l'action, j'adore la salade de mots pimentés, assaisonnée d'épices puantes peu orthodoxes. Il faudra y habituer l'odorat. C'est excellent et ça ne fera de tort à personne. «Ça a du goût», disait Bocuse en savourant les coléoptères vivants qu'il avait dans la bouche.

Mon cas offre une série géniale et catastrophique d'atterrissages ratés et de faux pas, de succès glorieux ou nébuleux, suffisamment de trouvailles

11

juteuses pour la gueule entrouverte de l'analyste. Le plaisir d'expliquer les humains est aussi fort que celui d'expliquer les guerres. Et on le fait avec une telle perfection qu'il n'en ressort que de petites vérités banales. Se lever le matin, se brosser les dents ou faire une omelette.

Ma situation personnelle est extrêmement difficile à cerner. Et c'est très bien ainsi. Elle s'exprime peut-être, habilement déguisée, dans mon travail et projette des couleurs et des ombres sur le visage et le cœur. Mais les toxicos des ragots se chargent d'inventer ce qui est tu. En cherchant un peu, il devient facile d'inventer de charmantes histoires. C'est rafraîchissant, et puis ça aide à ramasser de l'argent. Mais j'ai du mal à faire taire mes scrupules car je suis incorruptible. Même le catholicisme et la télévision n'ont pas réussi à saper ma foi en la dignité.

J'ai décidé d'abandonner tout exhibitionnisme. A coup de bluff et d'humour, j'arrive ainsi à tenter le diable. Les mots et les faits se dissolvent dans leur non-existence. J'aime la paresse parce qu'elle échappe au temps, la boisson pour le goût et l'état qu'elle procure autant que la sobriété pour sa clarté et la volonté qu'elle manifeste. J'aime jouer parce que j'adore être enfantine. J'ai une âme inconstante, mais j'ai aussi de la persévérance. Que je sois une herbe, une plante, une fleur ou un arbre, pour grandir j'ai absolument besoin d'air pur.

Tout continue d'une façon ou d'une autre. Tout devient de plus en plus intéressant, j'accepte de moins en moins les compromis. La passion devient plus exclusive. Les vieux rêves du lycée se sont estompés. Et c'est bien ainsi. Si j'avais dû m'adapter pour faire «carrière», cela m'aurait été insupportable. Voler, oui, mais pas dans un essaim d'abeilles avec ses rites de reproduction. Je préfère une taupe qui fouille la terre sombre et mystérieuse et remonte à la surface de temps à autre pour jeter un coup d'œil sur la vie réglée de ce monde diurne. Pour regarder ceux qui bâtissent leurs propres monuments ou ceux qui, en trébuchant, essaient d'attraper un papillon, ou courent après leur réputation. Si un jour ils l'attrapent, ils ne pourront cependant plus être sûrs de leur prise le lendemain car les goûts changent vite. Cette bête volante nommée «image» ne semble atteindre la fossilisation qu'au moment de la mort. Sur la tombe sera écrit qui on était.

Jusqu'à présent, je n'ai jamais perdu mon enthousiasme. Je ne porte pas de gilet pare-balles, mon âme n'est pas en plexiglas ou infaillible, mais je suis une optimiste incorrigible. Je me sens au mieux quand je regarde le ciel. L'horizon est large et clair, ma respiration s'approfondit et s'unit à la gorge du ciel infini. Même la vue de l'océan dilate mes veines. Mais la flèche tirée dans mon dos atteint toujours sa cible. Puissante, efficace, après un bref et délicieux sursis, juste le temps de reprendre mon souffle. «*Hey! You're part of the real world, not part of nature! Get back into the game!* »

Je n'ai pas de vision précise de mon avenir. Ou plutôt si! Très loin, j'entends un mot qui ressemble à liberté, je vois de vastes champs verts, des questions d'enfants bruissent dans l'air, des amitiés soutiennent et réchauffent. Voilà mon univers, plein de jeux, de musiques et de quelques doutes.

3

Des chaussons de danse
sous le sapin de Noël

Chaque fois que je repense à mon enfance, curieusement j'actionne un frein : l'obscurité des nuits, le frère aîné, l'église, les prières, le vide, les icônes sévères, la rue, les enfants des voisins, les parents... Le passé est heureusement révolu, pourtant il reste présent et ancré en moi dans sa fièvre.

Remuer brièvement la purée du temps, cette pâte de banane gluante et sucrée. Un quotidien tellement normal que même le *Journal d'Anne Frank* n'a pu le bouleverser : des vélos qui roulent, des chaussons de danse, des sapins de noël, un ciel de charlatan, lourd comme un livre de prières au-dessus de Münster, cette ville de Westphalie peuplée de vraies têtes de mules aux pieds bien sur terre.

En 1964, j'avais alors un an, nous avons quitté le vieux Kreuzviertel pour nous installer à Pötterhoek, un quartier récemment construit. L'esprit des années soixante se faisait sentir : couleurs, lunettes, éducation. Nous nous amusions bien. Je faisais la folle et je me chamaillais sans cesse avec mon frère et mes parents. Nous jouions au foot et j'adorais me défouler dans la gadoue. Je salissais mes pantalons en cuir avec la boue à ma disposition. C'était une fête. Et j'adorais l'eau : partout où il y avait un lac, une piscine ou la mer, je me jetais dans les ondes. Malheureusement, elles sentaient plus souvent le chlore que le sel.

Mon frère Martin préférait rester à l'écart et lire des romans d'épouvante. Il me racontait ensuite ces histoires terribles et je restais perturbée plusieurs jours. Mais je connaissais une autre version de la peur, plus profonde : la peur de moi-même. J'étais habitée par un gros monstre gélatineux, sombre et indomptable. Il m'assiégeait jour et nuit. Parfois, il sommeillait, relégué à l'arrière-plan, d'autres fois il me torturait et me faisait presque perdre la raison. Cette bête était ma peur. La peur impitoyable de l'obscurité, de la culpabilité, de la maladie, de l'assoupissement, de mes mensonges, de ma respiration, de la honte, de l'imagination déchaînée et, toujours, des ténèbres.

La nuit était un autre monstre venant à la rencontre de ma bête intérieure. Les deux s'alliaient pour me menacer ensemble. Je m'agitais nerveusement dans mon lit pendant de longues heures sans pouvoir m'endormir. Mon imagination projetait des silhouettes et des bêtes brillantes dans l'obscurité de la chambre. En partie, elles provenaient de la série télévisée *Enterprise* ou de sa version allemande plus soft, *Orion*. Parfois, je les fabriquais moi-même et elles avaient des traits grotesques, démoniaquement accentués par tous les stigmates que je détestais chez les autorités qui m'entouraient. Des bribes de mots, des grimaces, des regards inquisiteurs et des doigts pointés sur moi, chaque nuit, fouillaient mon âme, m'asphyxiaient ou me griffaient le dos. Mon cœur battait parfois si fort que j'avais peur qu'il ne s'échappe ou que je ne m'échappe de moi-même. Je m'apaisais seulement lorsque la porte se refermait sur mon frère qui entrait pour se coucher dans le lit contre le mur en face. La bête se calmait. Mon cœur et moi retournions dans mon corps et, si le voyage au pays de la peur n'avait pas duré trop longtemps, je parvenais à m'endormir.

Le lendemain matin, j'avais souvent l'impression d'avoir été rouée de coups.

Je suppose aujourd'hui que la moitié droite de mon cerveau, celle qui gouverne les émotions, était surdimensionnée. L'autre moitié, celle de la raison, n'avait pas trop envie d'être rationnelle et laissait le champ libre à la première moitié. C'était un complot dont j'étais la victime.

Je n'en ai parlé à personne.

Par principe, je gardais beaucoup de choses pour moi. J'essayais de les assumer seule : en classe, dans la cour pendant la récréation, à la maison, à chaque instant. Ma pudeur et ma peur des conséquences en cas d'aveu étaient énormes. Dans la zone réservée à mes tabous grandissait une ville entière. Ma mauvaise conscience prospérait, ma propre valeur était remise en question.

J'étais rongée d'appréhensions sur mon caractère. Les bonnes manières de mon entourage ne permettaient même pas d'imaginer un éclat de fureur. Vu mon tempérament agité et ma spontanéité impulsive, je devais donc constamment étouffer mes réactions. Ma tête devenait un bassin collecteur de malédictions et de détresse.

La piété dans laquelle j'ai grandi y était pour quelque chose. On m'avait inculqué l'omnipotence de Dieu, la criminalisation des idées, des mots et des actes, le contrôle permanent. Savoir qu'il me fallait partager chacune de mes pensées avec Lui m'était insupportable (sauf en cas d'angoisse, quand cela pouvait m'apaiser). La messe du dimanche, l'air vicié par l'odeur d'encens et d'antimite me coupaient le souffle. Souvent, j'avais peur de m'évanouir face à Sa toute-puissance. C'était pire pour la confession. Ce prêchi-prêcha appris par cœur m'énervait. Et partager mes pensées intimes avec un fantôme noir me faisait trembler de tout mon corps. Que signifiait la culpabilité? Pourquoi devais-je être coupable? Pour quelle raison devais-je m'asseoir dans un petit cagibi et révéler mes villes taboues? Parce que j'étais une petite fille mauvaise? Oui, sûrement. J'étais persuadée que j'allais finir en enfer ou rester au moins trois cents ans au purgatoire. Merci, les épouvantails catholiques.

Et puis il y avait les cloches retentissantes de l'église qui me réveillaient tous les matins et interrompaient mon doux sommeil. 6 h 45 était l'échéance limite. Il n'y avait aucune pitié possible. Si, dix minutes plus tard, je n'avais toujours pas réussi à faire un pas vers la réalité, ma mère m'ordonnait de me dépêcher. Vite, me laver les yeux avec deux doigts, et le cou — quand c'était indispensable et que mon père contrôlait —, me brosser les dents en cinq secondes, avaler une tartine en sortant et enfourcher mon vélo. Quand j'étais particulièrement en retard, je devais traverser toute seule la forêt pour aller à l'école qui s'appelait « le Cloître de la Providence». J'avais très peur et, dans ma panique, je voyais un exhibitionniste derrière chaque arbre. Cette angoisse était fondée. Tous les six mois, on annonçait : « *Un exhibitionniste a été surpris à l'entrée du cloître*», et cela nous terrifiait. Cette nouvelle devenait le centre de tous les ragots et l'événement de la saison. Nous nous demandions quelle religieuse avait bien pu se trouver face au malfaiteur.

A présent, cette école est mixte depuis longtemps. Les bonnes sœurs ont dû mourir entre-temps. A part elles, il y avait aussi des professeurs «normaux». Tant de filles réunies ! Cela présentait des avantages et des inconvénients. Alors que nous étions toutes terriblement coincées, nous étions sans pitié envers nos professeurs. Les pauvres jeunes stagiaires étaient totalement perdus. Nous flirtions à mort, nous les déstabilisions encore davantage, nous faisions les folles en rigolant et racontant des bêtises afin de saboter autant que possible les cours. Les religieuses avaient plus d'autorité. Leur apparence était cependant tellement asexuée que, aux adolescentes exubérantes que nous étions, elle paraissaient plutôt suspectes. Elles ressemblaient à des travelos. Leur vie vouée à Dieu nous semblait d'un ennui total. Comme cette école de filles, la plupart du temps.

Le monde que je m'inventais était positif et agréable. Il se manifestait de façon extrême. Il brûlait et criait de joie en moi, me faisait galoper, sauter, faire l'idiote et danser dans des paysages sortis de contes de fées. Je me déguisais avec de vieux rideaux et des jupons de ma mère Plus tard, je me suis déguisée avec la musique. J'ai inventé des histoires, des rencontres, des cris, des gémissements, des flots d'aspirations et de mouvements, qui s'étiraient et se contractaient, qui coulaient dans l'éternité et jaillissaient sans frein. Ce qui, jusque-là, était resté caché au fond de ma tête trouvait enfin son lieu propre : dans la musique.

Sur l'étagère du salon, la collection de disques de Gershwin de mon père m'attirait : *Un Américain à Paris* et *Rhapsody in Blue*, des danses syncopées interprétées par des clarinettes. Il y avait également des disques de jazz que mon oreille d'enfant sensible à la musique mémorisait : Ella Fitzgerald, Louis Armstrong, Etta James, Glenn Miller et d'autres classiques. Ma sensibilité à cette musique me transportait, c'était à chaque fois un cri et une explosion de mon corps. Je ressentais comme une délivrance de pouvoir me confier à cette amie unique, la plus proche, et de m'y abandonner complètement.

A six ans, le mot « danseuse » était inscrit en caractères gras dans ma tête, partout sur le papier peint de ma chambre et dans chacun de mes cahiers d'écolière. A neuf ans, j'ai enfin obtenu les chaussons de danse tant désirés. Ils étaient sous le sapin de Noël. J'avais dû les attendre trois longues années. Jusque-là, je m'étais contentée d'admirer les grandes qui s'élevaient comme des gazelles sur ces tours Eiffel. Mes pieds étaient trop jeunes pour supporter mon poids sur les pointes et le cou-de-pied. J'aurais risqué une déformation des os. Dès l'âge de neuf ans, j'ai passé plusieurs heures par jour dans ces chaussons. Deux ou trois ans plus tard, mes pieds avaient pris la forme de sabots de sorcière cartilagineux. Mes doigts de pied étaient pleins de bosses et tout un paysage de callosités couronnait mes gros orteils et mes talons. Des ampoules se formaient, éclataient, se formaient à nouveau et gonflaient, dans l'orgueil et la douleur. J'ai usé quelques paires de ces monstres puis j'en ai eu assez de ces trottinements. J'ai découvert la beauté de la danse pieds nus et compris que la voix pouvait aussi servir la musique. Cette façon de s'exprimer me semblait plus directe, plus encourageante, et elle devait se concrétiser un jour.

A treize ans, j'avais tellement d'occupations que j'expédiais mes devoirs à la hâte, à 10 heures du soir ou 7 heures du matin, et mon entourage exprimait son désaccord par du mépris ou de la condescendance. De toute façon, les réactions des gens «raisonnables» ne m'intéressaient guère.

L'âme enfantine est comme un papier de soie tendu. Le fait qu'elle résiste aux déchirures et aux perforations qui se cicatrisent avec le temps est un miracle. De la même manière, mes tympans ont souffert à cette époque d'otites que l'on n'a jamais décelées ni soignées. Tous les jours, j'allais à l'école à vélo. Le trajet durait une demi-heure à l'aller et au retour. En hiver, à 7 h 30 du matin, par des températures arctiques, dans la neige et le froid, c'était une épreuve infernale. Parfois, j'arrivais à l'école avec les oreilles brûlantes, douloureuses. Ces douleurs lancinantes, qui me matraquaient le cerveau, duraient au moins vingt minutes. Je restais recroquevillée sur mon banc et pressais mes mains sur ma tête. C'est seulement à l'âge de vingt-quatre ans que l'on m'a donné des explications sur l'état de mes tympans. Le diagnostic ne m'a pas beaucoup étonnée. Au fil des années, je m'étais habituée à la douleur, aux vrombissements et aux piqûres dans les oreilles à chaque courant d'air ou au moindre contact avec l'eau froide.

Mais revenons aux années 70. La vraie vie, c'était chanter et danser le jazz, la danse classique et moderne, la pantomime, les claquettes, les cours de chant lyrique, les concours de danse, les leçons de piano et mon groupe de rock adoré, The Panama Drive Band, avec lequel je donnais des concerts dans différents bars et tripots. Un peu plus tard, je me suis produite avec un trio de jazz. On swinguait et on interprétait de vieilles chansons, de «Papermoon» à «C'est si bon». Les répétitions avaient lieu le dimanche. Je pouvais ainsi échapper aux réunions familiales. A cause de ces répétitions, j'étais la hantise des voisins de l'immeuble. Je lisais, dans leurs yeux et ceux de mes parents, du scepticisme et de la désapprobation : pour eux, j'étais totalement folle et plus nuisible que le bruit de la radio qu'il fallait couvrir.

Parfois consciente d'avoir vidé mon cœur à voix haute et au su de tous, j'avais honte. *Dark Side of the Moon* des Pink Floyd s'est emparé de mon âme et l'a emportée. Chaque fois que j'avais un problème, je mettais ce disque et l'écoutais à fond. Cette musique savait tout de moi, je m'y coulais. *Jesus Christ Superstar*, *On Broadway* de George Benson, *A Chorus Line*, Al Jarreau, Led Zeppelin et Earth, Wind and Fire me passionnaient également. Le film *All that Jazz* était plus fort que tout. Anne Reinkinn y dansait comme une déesse, éclipsant même ma Cid Charisse adorée. J'aimais aussi certains morceaux de musique classique que je découvrais en les jouant au piano. Toutes les tentatives de mes parents de m'intéresser à la «musique raisonnable» échouaient. Aujourd'hui encore, j'aime ces chansons et les souvenirs qui y sont attachés.

Mon frère et moi partions souvent en colonie de vacances. Quelle joie de passer trois semaines dans une auberge avec quarante copains. Un séjour d'été dans le Sauerland — j'avais tout juste treize ans — a été particulièrement intense et riche en aventures. Nos jeux étaient devenus plus provocants, nous regardions les garçons différemment et nous nous surprenions à rêver d'eux. Nous avions coupé nos tee-shirts au-dessus du nombril et rentrions le ventre s'il dépassait un peu. Nos jeans étaient de plus en plus moulants et ainsi nos étreintes plus étroites. En l'espace de trois semaines, j'avais commencé ma puberté avec tout ce que cela impliquait. Je fermais la porte de la salle de bains à clé et j'éprouvais une pudeur qui m'était jusqu'alors inconnue, une curiosité nouvelle me faisait rougir. Mes parents n'en ont pas cru leurs yeux lorsque, au retour, j'ai tenté d'éviter la bise de bienvenue qui me semblait pénible.

Chacun a vécu cela; pourtant, cette phase est bouleversante quand on la traverse. Moi, ces nouveaux besoins me captivaient, j'en faisais le centre de ma vie. Mon entourage ne plaisantait pas vraiment et les interdictions pleuvaient. Mes pulls étaient trop courts et trop moulants, mon allure trop déhanchée, mes sourires trop aguicheurs, mes cheveux trop hirsutes, mes intérêts et mes idées trop éloignés du bon goût. «Ce n'est pas normal», telle est la phrase que j'entendais et que je détestais le plus. Normal! Voici exactement ce que je ne voulais pas être.

Je volais des cigarettes *ultra light* dans l'armoire de mon père. Il voulait justement arrêter de fumer, ce qui tombait bien pour moi. Des cigarettes plus fortes auraient attaqué mes poumons. Je pouvais donc nonchalamment tirer sur mon clope sans trop tousser. J'admirais ceux qui survivaient sans crampes et sans crises d'asthme aux *Rothändle*. Mon père s'étonnait de voir disparaître ses cigarettes car mon frère se servait également. Tous les jours, en rentrant à la maison en fin d'après-midi, nous subissions un contrôle olfactif des doigts pour détecter une éventuelle odeur de fumée. Inspecteur Sniff n'aurait pu mieux faire. Mais j'étais suffisamment futée pour me laver les mains dans la buanderie de la cave. Il fallait bien que je sois capable de déjouer les intrusions dans ma vie privée! En revanche, le blouson que je portais était plein d'éclaboussures, surtout aux manches, et les «contrôleurs» me dévisageaient d'un air méfiant. Ainsi, tous les jours, nous rôdions les uns autour des autres; comme des tigres, nous nous mesurions, nous délimitions nos territoires et nous montrions de temps à autre nos griffes. Ces jeux compliqués et difficiles de l'indépendance sont délicieusement tragiques; et les blessures, notamment lorsqu'elles concernent la confiance, sont très profondes.

J'avais vu le film *The Rose*, dans lequel Bette Midler interprète le rôle de Janis Joplin. Ce film a été pour moi une expérience capitale. J'ai compris que

23

l'interprétation pouvait aller bien au-delà et être bien plus profonde que je ne le supposais. Bette Midler avait tant de force, de caractère et de folie que l'on ne pensait presque plus à Janis Joplin. Une scène était particulièrement saisissante. Bette Midler, alias Rose, est dans une cabine téléphonique. Pour la première fois après des années de tournée et d'enregistrements de disques, et une carrière incroyable, elle doit chanter dans sa ville natale. Le stade affiche complet pour son match à domicile. Tous les spectateurs attendent et, parmi eux, la famille et les vieux amis. Rose bégaie dans le téléphone qu'elle n'est pas une héroïne, qu'elle n'est pas la grande Rose, qu'elle ne veut plus jamais chanter, que tout est vain car sans amour, et qu'elle est seule, terriblement seule. Elle s'écroule et se pique à l'héroïne. On finit par la trouver dans cet état et on la conduit sur scène. Au milieu du concert, en pleine chanson, elle s'arrête et meurt. Ma propre vie m'a semblé s'arrêter un instant. L'histoire et l'interprétation ne faisaient plus qu'un. Il ne s'agissait plus d'une actrice, mais d'un morceau d'âme qui me touchait. Je découvrais que l'art est directement lié à la vie et que la vie doit oser la dégringolade pour se transformer en art. Cette découverte semblait dissimuler plein de secrets et d'abîmes inconnus.

A quinze ans, je suis tombée amoureuse pour la première fois. Il s'appelait Hannes et il était mon aîné de deux ans. Je garde le souvenir de doux après-midi enfiévrés, de marathons à vélo pour nous voir et d'appels téléphoniques interminables. Les lignes restaient occupées des heures entières. Les péchés

comptabilisés, j'étais sûre d'être envoyée au purgatoire *ad vitam eternam*. Je pourrais éventuellement
éviter l'enfer. Mon affection pour Hannes était pure,
sincère et déchirante. Elle a duré six mois. Ensuite,
il est parti faire son service militaire. Je l'ai vite
oublié et l'ai abandonné pour la musique et la
danse. Impardonnable, inoubliable!

Ça y est, Hannes était parti. Il avait délaissé sa vie
pour apprendre à défendre son pays, les armes à la
main. A l'époque, les pièces de théâtre qui devaient
encourager les soldats parlaient encore de l'omni-
présence de la menace russe. Raisonnable, mon ami
avait tout bien assimilé et il était prêt à donner sa
jeunesse pour la patrie. Je ne le comprenais pas.
What for? Je remerciais Dieu de m'avoir épargné
cette mission. Je ne pouvais imaginer d'interrompre
ma vie pour marcher au pas pendant deux ans.

Mon ami Thomas aussi était obligé de faire son
service. Lui détestait l'armée autant que les poux
qu'il y attrapait. L'extinction des feux et les humiliations étaient son pain quotidien. La bière lui permettait d'oublier. Je me rendais compte qu'il était
humilié jusqu'au fond de l'âme et j'en souffrais.

La torture quotidienne de l'école et sa routine me
fatiguaient. Les élèves vivaient sous une pression
incroyable. Je ne voudrais pas revivre cette période.
Certaines matières étaient très intéressantes,
d'autres extrêmement ennuyeuses. Je ne voulais pas
consacrer ma vie à des choses auxquelles je n'ac-
cordais aucune importance. A cette époque, je par-
tais en vacances d'été dans le cadre d'échanges scolaires. Et comme j'adorais le caractère musical de la
langue française, j'allais en France. Les maths,

monstrueuses dans leur abstraction, me paraissaient une pure perte de temps. Déjà à l'époque, j'avais le sentiment que ma vie ne serait pas assez longue pour que je la perde à ce genre de choses.

En religion, je m'intéressais uniquement à l'athéisme. Je comprenais bien Sisyphe : je ressentais l'inutilité de son activité dans mes entrailles. Et aussi la liberté, quand le sommet est atteint, et la responsabilité de devoir recommencer dès que la pierre est retombée. Sisyphe et Sartre devenaient mes potes. Pleine d'enthousiasme, je parlais d'eux à la maison. Mes parents étaient consternés. En dépit de leur bonne volonté, ils ne pouvaient comprendre pourquoi c'était précisément le professeur de religion qui nous faisait découvrir des conceptions du monde niant Dieu. Les provoquer de cette façon était un délice. Je me comptais, d'ores et déjà, comme un membre du club des existentialistes de treize ans. Je m'intéressais à cette idée d'humanisme, en opposition à l'amour dogmatique du prochain dicté par le christianisme et ses lois. Parmi les hommes, en proie à leurs conflits intérieurs et à leur incertitude, aucun n'est meilleur que l'autre, et ce, à cause de leur destin commun. L'existence précède tout caractère et toute valeur. Ainsi, tous sont égaux dans le désert de l'humanité. Le plus proche comme le plus éloigné méritent le même respect que celui que l'on se témoigne à soi-même. L'homme crée l'amour à partir d'une solidarité profonde. « L'existentialisme c'est "l'hommisme" », disait le prof, et cela renversait tout. Une porte s'ouvrait en moi sur un calme profond et horrible.

Un jour, j'ai arrêté de réciter la prière du soir au

lit et celle du matin à table. Elles me semblaient faites de mots vides de sens murmurés par dévotion et habitude inculquée. Echapper à ce cercle vicieux en continuant de sentir en moi la proximité discrète et indicible d'un dieu sans culpabilité et sans rites m'était très difficile. A mon avis, on ne pouvait exercer sur lui ce chantage à base de prières et de rituels artificiels. Je ne voulais surtout plus lui demander quoi que ce soit : de bonnes notes à l'école, une bonne nuit, la bonne santé pour pépé et mémé, des cheveux longs et brillants, la rémission et le pardon de mes péchés, de l'aide pour les enfants d'Afrique et d'Asie en cas de besoin, mon cadeau pour le prochain Noël. Je voulais en finir. Dorénavant, je ne voulais plus écraser Dieu du poids de mon existence et de mes désirs. Il devait cesser d'être un parent lointain qui comprenait mon dialecte de Westphalie. Je n'ai cependant jamais cessé de croire en la force de l'amour et, dans ce sens, en Dieu. Et l'amour est comme une mission que je porte en moi.

A seize ans, pour la première fois j'ai suivi un stage à l'Académie de danse de Cologne pendant les vacances d'été. A Salzbourg, j'ai suivi les séminaires sur la comédie musicale et les ateliers sur Weill auxquels participait Helmut Baumann. C'était extrêmement fatigant. Mes camarades de classe sont revenues de vacances bronzées et excitées. Moi, je suis rentrée complètement stressée. J'avais perdu plusieurs kilos, j'étais pâle, cependant mes yeux brillaient : j'étais pleine de nouvelles impressions sur un métier éventuel. Pendant cette période, j'avais travaillé avec des professionnels et j'y avais pris goût. Ma voie était tracée. C'est à ce moment-là qu'est né mon désir de partir très loin après le bac. Je voulais m'enfuir et faire une école d'art dramatique quelque part.

En 1982, j'ai eu mon bac, j'étais contente de pouvoir fermer une porte derrière moi. Ce diplôme de la maturité était celui des analyses et compositions stupides qui réduisent leur sujet à néant, chaque auteur voyant se briser les derniers vestiges de son anarchie et de son secret. Il fallait d'abord que je chasse cette forme de maturité de ma tête.

4

Études viennoises

En août 1982, j'ai présenté le concours d'entrée au conservatoire Max-Reinhardt de Vienne. J'avais préparé le grand monologue du poison de Juliette dans Shakespeare, *Sainte Jeanne des abattoirs* de Brecht, *Le Mariage* de Gogol et *L'Aveugle* de Rilke. Il était interdit de réciter des poèmes mais — *what the hell!*

Dans les deux années qui ont suivi, j'ai appris à arrêter le temps et à tordre le cou à son efficacité. Chaque acte, chaque situation, le silence et la parole étaient renversés et projetés sur eux-mêmes comme à travers un prisme. J'ai pris conscience de tous mes sons et de mon propre clavier. Je me suis libérée du poids des années d'école et j'ai acquis une perception claire et sans honte de moi-même. A Vienne, j'ai vécu des jours merveilleusement libres et intenses d'actrice. Pour la première fois, j'ai compris que le théâtre était le seul et véritable lien profond entre la danse, le chant et l'art dramatique.

Je dévorais la littérature de théâtre que je lisais pour moi-même. Tout me paraissait modifiable et je pouvais tout bouleverser à chaque instant. J'avais délibérément lâché les amarres avec ma jeunesse pour me consacrer à ces nouvelles tâches. Le langage théâtral me paraissait pouvoir exprimer bien plus de choses que la danse et le chant. Il signifie la précision de l'idée, la réaction, la provocation, la défiguration et l'apesanteur. Il s'appelait Tchekhov, Strindberg, Ibsen, Williams et Botho Strauss. Le théâtre est la matrice des autres moyens d'expression. Même la porte fermée sur l'enfance s'ouvrait à nouveau en moi. J'avais maintenant de la volonté, de la curiosité, de l'intransigeance et une énergie digne de dix unités de blindés; sans pitié ni scrupule, je voulais arracher les mauvaises herbes de mon caractère et de ma vie.

Je vivais sous le chapiteau d'un cirque mêlant fantaisie et travail. J'aimais les exercices de trapèze hasardeux liés à l'apprentissage d'un rôle et à la possibilité d'une identification. Je cherchais à me projeter dans d'autres mondes. Je me voyais comme un grand paysage désert, encore vierge et inconnu. J'accédais à son seuil, mais il y avait partout des barrières et des obstacles. Je progressais lentement.

Le lieu où je vivais réellement était sinistre. Vienne semblait poussiéreuse, hostile, morbide et habitée par des gens au mauvais caractère qui parlaient un dialecte doucereux. Des mauvaises langues affûtées et bavardes dont je ne parviendrais à comprendre l'humour que bien plus tard. Les tristes trains qui circulaient, sans début ni fin, sur la ceinture étaient souvent bondés de vieillards ou, en tout cas, de gens qui en avaient l'air. Je connaissais leurs aboiements pas cœur : « Enlevez vos pieds du siège, vous avez compris ? » Cette phrase revenait comme sur commande les jours où j'avais décidé de me montrer impertinente.

Le matin, je prenais la ligne qui passait par la rue Maria Hilfer et la gare Westbahnhof pour me rendre au château où se trouvait le Conservatoire. L'école était située en pleine forêt, à quelques centaines de mètres du château de Schönbrunn. On y était comme à l'internat, une seconde maison.

Dès que j'avais un moment, en fin d'après-midi, je prenais le tram en direction du cimetière central. Cette ville funèbre offrait un havre de paix et de solitude dans la métropole animée. Les feuilles brun et jaune d'octobre dissimulaient des secrets et des destins. Il y avait du recueillement dans l'air. Un autre monde au milieu du nôtre. Devant la mort, la vie semblait retrouver son sens.

Je préférais la partie juive du cimetière. Ses temples funéraires, statues et inscriptions témoignaient d'une telle conscience des racines que les morts semblaient cimentés comme des piliers dans leurs familles. Il y avait également dans cette partie du cimetière la malédiction du Troisième Reich : des rangées de tombes complètement délaissées et oubliées... Des familles qui ne pouvaient certainement plus venir entretenir ces lieux. Décédé en 1925, décédé en 1932, en 1938... puis plus rien. Les assassins d'antan avaient trouvé des disciples, comme je pouvais le voir sur certaines tombes détruites ou profanées d'une croix gammée.

Je venais souvent ici pour apprendre mes textes dans le silence, aussi pour réfléchir. J'étais restée longtemps loin de ma famille. Pour la première fois, j'éprouvais une forme de déracinement.

31

L'hiver, il faisait terriblement froid. J'habitais un appartement délabré et glacé dans une vieille maison chauffée au charbon, mais ma bourse ne me permettait pas d'en acheter. La nuit, sous les couvertures, je grelottais. Je dormais en survêtement, avec deux pulls et des gants. Les toilettes étaient sur le palier.

Mon voisin était un fasciste gros mangeur de saucisses, qui n'arrêtait pas de crier et maltraitait sa femme. J'avais peur qu'un jour il ne jette leur bébé vagissant par la fenêtre. Vu mes expériences, je n'ai pas été étonnée d'apprendre que Vienne possédait un taux de suicide élevé. Les gens étaient en grande partie apathiques et toujours en train de dénigrer. Je n'ai pratiquement jamais vu de regards s'enflammer autrement qu'échauffés par des tirades de haine. Et je lisais dans le *Kronen-Zeitung*: «Un bébé jeté par la fenêtre du cinquième étage tombe sur le toit du tram.» A côté, le pauvre petit chou continuait de crier. Dieu merci!

Dans cette ville de droite, le soir, comme une belette, je sautais de théâtre en théâtre. Au théâtre de l'Académie, j'ai vu de grandes mises en scène, comme celle des *Exaltés* de Robert Musil. Waltraud Jesserer y disait une phrase que j'ai gravée dans ma mémoire: «En moi, les larmes ont durci comme une colonne, de la tête aux pieds.» D'autres mises en scène m'ont également laissée sans voix: *Richard III* de Shakespeare au Volkstheater et *Elephant Man*, les deux interprétées par Bösner; *Comme il vous plaira* au Schauspielhaus et *Piaf* avec Maria Bill. Voilà quelques exemples de ma passion pour le théâtre.

L'été 1983, je me suis rendue en train à Munich

pour assister au festival de théâtre. J'y ai vu le cycle Shakespeare dans la mise en scène d'Ariane Mnouchkine : *Henri IV, Richard III* et *Comme il vous plaira*. N'ayant pas assez d'argent pour acheter des billets, mes amis viennois et moi passions par une fenêtre du hall de l'usine où se donnaient les pièces et nous nous faufilions vers des sièges. J'étais bouleversée par la force des représentations. Le jeu jaillissait des acteurs comme une fusée. Chaque phrase ressemblait à un cri primal. Le travail sur le corps et la langue était très acrobatique. Des sauts périlleux, des culbutes, du kabuki, des costumes imaginatifs et colorés, des oiseaux de paradis... Le spectateur était assailli et même mitraillé.

Après les nombreuses expériences d'intériorisation du jeu que j'avais effectuées sur moi-même et dans différentes mises en scène à Vienne, cette forme de théâtre corporel m'apportait soulagement et délivrance. Tous les exercices d'autoanalyse réalisés à l'école d'art dramatique m'avaient donné le pli désagréable de rester consciente pendant l'interprétation. Je m'observais et me jugeais constamment d'un œil extérieur, ce qui m'enlevait toute spontanéité et tout plaisir. L'interprétation devenait exsangue et trop intellectuelle. Je voulais à tout prix en finir avec cette contrainte et revenir à un jeu plus impulsif.

5

Miaulements et grincements

Un peu plus tard, pendant l'automne 1983 — je venais d'avoir vingt ans —, j'ai postulé pour un rôle dans la comédie musicale *Cats* au Theater an der Wien. J'avais très envie de connaître enfin le théâtre au quotidien. Mais ce fut seulement mon entrée dans l'univers impitoyable de la prétendue vie professionnelle : le théâtre à la chaîne, l'âme sur commande, la reproduction de sentiments dans la cuisine infernale des illusions et des brasseurs d'argent. Au départ, il ne devait s'agir que d'une aventure de vacances, mais c'est devenu un apprentissage parmi les plus difficiles. Pendant un an, tous les soirs et parfois, deux fois par jour, j'ai dansé et souffert avec mes tripes jusqu'à l'épuisement.

Après six mois de tracasseries dans *Cats*, j'ai abandonné la formation du conservatoire Max-Reinhardt en me promettant de la reprendre plus tard. Je ne prenais aucun plaisir à cette chatonnade sur scène. Les poèmes de T.S. Eliot avaient été transformés en images de bande dessinée chorégraphiées. Ces fables étaient censées véhiculer la sagesse humaine ; or, à mon sens, il s'agissait uniquement d'un humour primaire et de jeux totalement superficiels et pseudo-philosophiques. Je me suis vite rendu compte que tout ceci me prenait énormément de temps et retardait mon apprentissage de l'art dramatique. Influencée par l'école, curieuse et désireuse d'interpréter des rôles, j'étais obligée de tout oublier et de me soumettre à un spectacle de variétés régi uniquement par les lois de la rentabilité. Mes apparitions sur scène tenaient du travail de force. Tous les sentiments que j'essayais d'apporter au rôle disparaissaient dans la pénombre ou étaient éclipsés par tout ce qui se déroulait simultanément sur scène. J'avais le sentiment de travailler contre une grosse machine. Malgré cela, mon enthousiasme est resté intact.

L'esprit d'équipe était encouragé. J'ai rencontré des collègues étrangers formidables. Des Américains, des Anglais, des Polonais, des Roumains, des Allemands et des Autrichiens. Il s'agissait de la première production de *Cats* en allemand. Les répétitions avec le metteur en scène, Trevor Nunn, de la Royal Shakespeare Company, et la chorégraphe Gillian Lynn étaient très denses et pointilleuses. Déjà à l'époque, je demandais à mon corps d'aller au bout de ses ressources. Lors des représentations, j'avais toujours les poignets, les genoux et les pieds enflés, une bronchite chronique et une périostite sous la plante des pieds. Mon dos était ankylosé, mes cordes vocales enflammées. Le matin au réveil, j'avais l'impression d'avoir soixante ans, et je les paraissais effectivement. Et tout ça pour un salaire minable de 2 000 marks bruts par mois. Dans la hiérarchie des salaires qui se pratiquent en Autriche, j'étais au plus bas de l'échelle, même si j'avais été sélectionnée par Trevor Nunn parmi cinq mille candidates pour l'un des rôles les plus importants, la Bombalurina, et pour le second dans *Grazibella*. Mais j'étais une débutante. *Cats* a été un délire et un traumatisme, un travail de force et une drogue, l'humiliation et la foi, le plaisir et la folie, tout à la fois et trop de tout, trop en tout cas pour permettre à une jeune artiste comme moi de l'assimiler. J'en garde un souvenir ambigu : un épisode que j'aime mais, malgré tout, un épisode très douloureux de ma vie.

Qu'est-ce que cela veut dire ? Tôt ou tard, je me serais retrouvée de toute façon dans une impasse. Que se serait-il passé si j'avais normalement fini l'école d'art dramatique ? J'aurais peut-être été engagée dans un petit théâtre, ou un théâtre un peu plus grand, et j'aurais dû interpréter ce que le directeur m'aurait demandé. J'aurais dépendu des autres également. Ou bien je me serais retrouvée dans n'importe quelle pièce écrite pour la télévision ou, pire encore, dans un feuilleton.

Mon engagement dans le prologue de la comédie musicale *A Chorus Line*, que Peter Weck envisageait de produire au Theater an der Wien, a été pour moi un intermède intéressant à cette expérience d'un an dans *Cats*. En même temps qu'elle dénonce l'affairisme froid, l'ignorance, la concurrence, le commerce et le show-business, qui n'a rien à voir avec l'art, cette pièce se sert de tous ces éléments. Le danseur y apparaît comme une machine à danser décapitée, sans histoire, conformiste. Il est dépersonnalisé et transformé en machine comme on en voit à Las Vegas. Le talent et la créativité sont obligés d'accepter des compromis pour obtenir du travail, contraints de se vendre comme une marchandise, au prix d'une simplification apparente, donc en trahissant ses origines et ses ambitions.

La musique de *A Chorus Line* est très belle, les chansons pleines de nostalgie et je les connaissais par cœur depuis des années. Je ressentais au plus profond de mon âme cet amour de la scène, de la danse, et cette fatalité de ne rien pouvoir faire d'autre. Mais la réalité était comme le spectacle. Celui qui, lors des auditions, était incapable d'effectuer deux pirouettes à droite et deux à gauche était viré. Bien sûr, c'était une façon de sélectionner les meilleurs : on gardait les courageux et on écartait les fragiles et les sensibles. Nous avons subi le calvaire des tests pendant une semaine. Ensuite, on nous a annoncé le verdict : le n° 68 peut rentrer chez lui, le n° 89 a le rôle de Machin. *Great !* Ces coupes claires m'étaient familières depuis la sélection opérée à l'école en fonction des résultats. L'obligation de comparer et de cataloguer broyait ceux qui étaient différents : soit ils s'adaptaient, soit ils se retrouvaient isolés. Félicitations et reproches étaient notre pain quotidien. En tant qu'élève, cela ne me dérangeait pas trop, car je jouissais du privilège de ne pas faire partie des marginaux. Mais le bonheur et le malheur dansent le tango.

Cats devant se jouer à Vienne jusqu'à la fin du siècle, la production de *A Chorus Line* a été remise à plus tard. J'avais conscience que *Cats* resterait le seul clonage musical auquel je participerais. J'avais envie de quitter mon corps en miettes pour entrer dans ma tête, dans mon imagination et ma créativité. Je voulais sortir mes antennes dans le monde réel pour sonder le terrain. Je n'avais plus envie de danser pour la gloire et le profit d'un super-producteur. Je ne supportais plus les tee-shirts, médailles, bonnets, chaussettes et tous ces trucs marqués du sceau de *Cats*. «*Back to the roots*», voilà ce que je criais de mes ténèbres intérieures, après une année de *Cats*.

Il fallait absolument que je réaccorde mon instrument. Ses cordes étaient usées et croassaient. J'étais à peine capable de chanter librement, chaque intonation prenant le style de *Cats*. Je criais comme un chat étranglé. J'avais besoin de calme et de prudents exercices de base pour trouver une nouvelle direction.

A la longue, Vienne pesait sur mon âme. Il fallait que je quitte cette ville poussiéreuse qui semblait toujours en deuil de son empereur défunt. Quand j'ai annoncé mon départ pour le Theater des Westens à Berlin, le directeur du théâtre a parlé de mon engagement parmi «une bande de pédés». Ça suffisait! Il était hors de question que je termine ma formation à l'école d'art dramatique.

6

Le réveil à Berlin

Je respirais. Berlin se situait quelque part entre l'histoire, la politique et le vide, les murs et les cadavres, l'orgueil insulaire et le sentiment de perdition. De nouvelles impressions s'accumulaient en moi, de tous côtés, comme dans un vide.

A Berlin, j'ai trouvé une concentration d'oiseaux de paradis, de rêveurs perdus et de rebelles qui voulaient se distinguer des autres. Je m'y suis plu, mes épines de hérisson se sont redressées.

A cette époque, le Theater des Westens était le seul théâtre en Allemagne où on jouait des comédies musicales. Helmut Baumann montait des projets gigantesques. J'ai interprété Peter dans *Peter Pan*. Cette pièce s'adressait aux enfants, ou plutôt aux côtés enfantins des adultes, à la nostalgie, à l'état sauvage et à la révolte qui me préoccupaient tant. J'ai mis mon cœur et mon âme dans ce rôle. Peter Pan était éveillé, révolté, prêt à toutes les bêtises et plein d'amour. Il traversait le temps et la vie en volant. Il mettait l'enfance dans sa poche — selon la belle formule de Max Reinhardt — et se baladait allègrement dans son pays, plein d'idées

39

rebelles. Les vols effectués sur scène m'apportaient un grand plaisir. Mon gilet était relié à un fin câble d'acier accroché dans les cintres à des roulettes montées sur rail. Deux techniciens, depuis la coulisse, me hissaient d'un coup en l'air, puis me balançaient de droite à gauche avec tant de force que j'atterrissais souvent dans les projecteurs. Et je chantais *Je vole*. Je voulais voler le plus sauvagement possible et je n'étais pas contente quand les techniciens tiraient doucement sur les câbles. En y repensant aujourd'hui, je me rends compte du danger que cela représentait mais, à l'époque, j'étais insouciante et folle.

J'adorais particulièrement la description que Peter Pan donne de son «pays de nulle part». Le soir, les joues rouges, je parlais aux enfants, parmi le public et sur la scène, de ce paradis où l'on n'est pas obligé de devenir adulte. Je leur décrivais le chemin : «Tu sors par la fenêtre en volant, tout simplement. Pense aux plus belles choses que tu puisses imaginer, les plus belles, non, non, encore plus belles, et pars tout droit, passe trois étoiles puis tourne à gauche et, à la quatrième étoile, à droite. Ensuite, tu verras les flèches en or, suis-les, toujours tout droit et encore plus loin, et tout d'un coup, il est devant toi, "mon pays de nulle part". »

C'est ainsi que je me suis replongée dans mon enfance, Peter Pan dans la poche. Je m'étais fait couper les cheveux et les avais fait teindre en rouge, et je traversais Berlin avec une soif d'aventure et de curiosité. La devise était de ne pas devenir adulte, symboliquement au moins. J'essayais de ressusciter de vieux espoirs et d'anciennes illusions. Je refusais la routine et ne voulais plus me laisser écraser par la machine des comédies musicales.

La troupe du théâtre, la famille, était très chaleureuse et soudée. De nombreuses amitiés s'y sont nouées. Depuis que j'avais quitté Münster, j'éprouvais le sentiment d'être déracinée. Je ne savais plus où étaient mes origines. Je n'étais chez moi qu'en moi-même et cette liberté me donnait parfois le vertige. Cela faisait longtemps que je ne me sentais plus chez moi dans ma ville natale. Je n'y allais d'ailleurs que rarement. L'anonymat des grandes villes me faisait du bien. Je restais en contact avec ma famille, mais elle ne me manquait pas, car le théâtre était ma nouvelle véritable maison. J'y avais trouvé un nid et un groupe d'oiseaux rares auquel je m'intégrais bien. Les uns étaient plus fous que les autres, et nous nous entraidions adorablement. Ces troupes se dispersent vite quand une pièce et ses représentations sont terminées, mais un autre spectacle commence et une nouvelle famille se forme. Tous sont comme des apatrides, des tziganes qui ont besoin d'amour et de chaleur.

La troupe du Theater des Westens était merveilleuse. J'avais rarement vu autant d'individus sympathiques ainsi réunis. Helmut Baumann était le bon père de cette famille. J'ai eu l'occasion de m'aventurer dans des ténèbres mouvantes mais aussi, avec enthousiasme, dans les hautes couches de l'atmosphère. Les choses ne semblaient avoir ni début ni fin. Les lendemains étaient incertains et sans but. Je ne croyais pas en l'avenir et, en fait, j'étais surprise et reconnaissante qu'il me rattrape chaque jour. Je me donnais à ma profession avec toute la force de ma volonté et avec joie mais, finalement la vague se brisait en moi et retombait. La tête ! Peut-être que cette selle sur laquelle je chevauchais était ma tête. Le poids d'une tête de De Chirico que je faisais vibrer sur mon corps en caoutchouc. Ma tête était un boxeur poids lourd, elle conduisait la locomotive, la locomotive à vapeur qui emportait vite, très vite, les wagons qui suivaient docilement. Les phases de travail étaient comme autant de gares où je faisais le plein de confiance afin de pouvoir assurer la prochaine phase solitaire.

Etre amoureuse faisait partie de ce processus. La musique me plongeait dans des états d'âme romantiques, encore fallait-il trouver le bon objet de désir. Le boléro rythmait chaque répétition. Le temps passait, comme une chevauchée fatigante et nostalgique, sur le monde du théâtre. Les poussées d'adrénaline quotidiennes faisaient monter l'excitation. Les gens qui m'entouraient m'intéressaient et j'étais curieuse de connaître leur destin. Souvent je trouvais leur situation tragique. Ils semblaient prisonniers de décisions qu'ils avaient prises autrefois. Nombre d'entre eux étaient liés dans un réseau tissé au cours des années avec les fils de la vie. Les griffes de la vie me tenaient un peu moins rigoureusement. Aujourd'hui, je repense avec nostalgie et tristesse à cette époque. Certains sont morts du sida. Je dédierais volontiers chacun de mes concerts à ces compagnons.

En 1985, j'ai commencé à écrire, pour moi, des textes et des chansons. Et pour la première fois de ma vie j'ai pris conscience du contexte social et politique : Hanns Eisler, Bertolt Brecht, Kurt Weill, Paul Dessau, Kurt Tucholsky, Frank Wedekind et d'autres auteurs. Les textes denses étaient passés au hachoir par la musique, d'une façon ironique et sensible. Un de mes disques, celui où Lotte Lenya chante *Les Sept Péchés capitaux des petits-bourgeois* de Brecht et Weill, était complètement rayé car je l'écoutais plusieurs fois par jour. Pour changer, je me suis offert la version *speed* de Gisela May. La Berlinoise de l'Est interprétait tout à toute vitesse et faisait ainsi taire, magistralement, toute émotion. Le rapport entre la musique et le texte dans ces *Péchés*, c'était le langage obsédant du théâtre. Un théâtre très actuel, à mon avis, même s'il n'y avait pas de rapport direct avec la situation sociale présente. Ce moyen d'expression m'intéressait plus que n'importe quelle chanson à l'eau de rose des comédies musicales.

Pendant presque neuf mois, j'ai habité l'un de ces horribles gratte-ciel futuristes de la Schlangenbaderstrasse au-dessus de l'autoroute, qui était pour moi comme une gigantesque navette spatiale dont on ne voyait pas la fin. Ce ghetto de plastique, amoncellement de laideurs et aberration moderne du goût, imposait aux enfants de jouer derrière des barrières. Des centaines de téléviseurs diffusaient les mêmes images dans de minuscules salons. Les gens criaient et hurlaient comme un seul homme quand une équipe avait marqué un but. Quelquefois s'élevaient aussi des gémissements terribles, semblables aux hurlements d'un chien : il s'agissait pourtant de voix humaines, celles d'enfants et d'épouses témoignant de coups et de familles brisées.

Au printemps 1985, j'ai emménagé Bleibtreustrasse, entre la Kantstrasse et le Ku'damm. Dans une vieille maison «Art nouveau», je partageais désormais un étage avec deux danseurs qui étaient devenus des amis. Nous faisions régulièrement des plats de choux de Bruxelles et de poireaux dont l'odeur se répandait dans toute la maison et les gens se plaignaient. Je vivais dans une pièce d'environ douze mètres carrés, avec les toilettes à côté et c'était tout. Les livres, papiers, vêtements, disques et idées s'entassaient le long des murs, parmi des restes de salade de pommes de terre, spécialité berlinoise, et de boulettes au curry. Si les spectateurs du théâtre avaient su dans quel trou je vivais... Mes deux amis sont morts du sida dans les années qui ont suivi.

Tous les matins, je sirotais mon café au lait au café Untreu et je chantais comme une folle *Les Sept Péchés capitaux des petits-bourgeois*. Une fois de plus, j'ai été extrêmement soulagée de voir arriver la fin de l'hiver. Je n'ai jamais aimé les vêtements fermés, les sentiments étriqués et le repli dans une coquille d'escargot pendant l'obscurité et le froid de ces journées. En hiver, j'acceptais la vie comme une chose offerte; en été, je l'adorais comme pleinement vécue. En été, l'incertitude de l'avenir n'avait aucune importance; en hiver, elle était une menace, une tristesse lourde et sombre, la conscience s'isolait comme dans une cellule de prison, le sang circulait mal dans mes doigts et dans mes pieds, l'air oppressait mes poumons. L'odeur du printemps était comme une délivrance et mes sens revivaient. Je jetais l'hiver et mon caractère difficile à la poubelle. L'air affluait dans mes poumons, caressait ma peau.

Quand j'ai vu *Les Trois Sœurs* sur la scène du Schaubühne, j'ai pensé que rien ne pouvait être plus beau au théâtre. Le samedi soir, après la représentation, mes collègues et moi allions au Metropol où nous dansions jusqu'à l'aube. Rythmes et bassons balayaient tout comme un tremblement de terre. Je me couchais après avoir pris le petit déjeuner. Souvent j'avais la voix enrouée pour la représentation du dimanche soir. Mais je m'en accommodais.

En 1986, la grande revue Kurt Weill au Theater des Westens, avec Nicole Heesters dans le rôle principal (et plus tard Ingrid Caven), m'a décidée à créer mon propre spectacle Kurt Weill. J'adorais «la mère» Heesters et la simplicité de son interprétation. Beaucoup de chansons françaises et américaines, que Kurt Weill avait écrites en exil, m'étaient jusqu'alors inconnues. Fascinée, je découvrais toute la gamme des compositions formées par le destin. En m'appuyant sur la vie de Weill, j'ai essayé de m'enfoncer profondément dans l'histoire de ce siècle. J'ai scruté les années 20, la culture de la République de Weimar, les douleurs et les phénomènes d'après-guerre, les révolutions et les rébellions, les créations et les ruptures par rapport à la tradition. La peinture, dans ses différents mouvements et ses expérimentations, me faisait découvrir de nouvelles sources d'inspiration dans le domaine esthétique. Pendant des heures, je me laissais emporter par des compositions de couleurs. La musique de Schönberg, Webern, Berg, Mahler et Debussy m'ouvrait les oreilles et l'esprit. Je percevais le bruissement sanglant de la fièvre. Je découvrais la danse sur le volcan de Tucholsky.

Pendant que la barbarie culturelle des fascistes faisait tout voler en éclats pour ne laisser que la surface laquée et lisse d'une peinture à l'huile représentant une fiancée et sa mère blonde, Kurt Weill, dans son exil, composait de très belles chansons françaises mélancoliques, qui reflétaient sa dépression, sa solitude et son extrême tristesse.

Le destin de cet exilé juif me touchait beaucoup. Les nazis lui avaient pris sa patrie et sa liberté, ils lui avaient lié les mains, l'avaient privé de sa langue et avaient brisé sa créativité. J'avais grandi dans l'amnésie et les pesanteurs de la guerre froide. Nos cours d'histoire n'abordaient que de façon superficielle la partie sombre du passé allemand ; chez mes parents, on n'en parlait presque pas. J'ai déploré cette ignorance de ma jeunesse. D'une certaine façon, je venais seulement de comprendre. La vérité me sautait aux yeux et déchirait le voile. Je vivais dans un pays responsable de la mort de plusieurs millions de juifs et du génocide le plus sanglant de ce siècle. Alors, j'ai compris pourquoi, lors de mon premier séjour en France, on m'avait regardée de travers et on avait hésité avant d'être gentil.

Quel était ce pays où je vivais ? Il était parvenu à refouler et à minimiser la réalité, ainsi que la culpabilité et la responsabilité en découlant. Avant d'arriver à Berlin, je n'avais pratiquement jamais rencontré de juifs ou, en tout cas, je ne m'en étais pas rendu compte. J'étais furieuse contre moi-même de

ne pas avoir été plus curieuse et attentive. Dans quel cocon, sous quelle cloche de verre avais-je donc grandi? Toute ma génération avait oublié de réfléchir au poids de l'histoire, avec ses lourds nuages d'orage. Le passé était passé. Un regard en arrière gênait la progression en avant.

Ma génération, dans sa course au succès, a commencé à m'ennuyer. Mais je me dégoûtais moi-même, car je ne pouvais pas y échapper. Pendant un moment, j'ai regretté de ne pas avoir été soixante-huitarde et de ne pas avoir lutté une fois dans ma vie pour une quelconque vérité, au lieu de me battre pour mon bien-être personnel et mon succès. Nous étions en 1985. Le mur existait. Chaque jour, nous le regardions d'un œil désapprobateur et ennuyé, comme on regarde le papier peint dans sa cuisine. Rien ne pouvait nous choquer ou nous sortir de notre état d'autosatisfaction. Nous pédalions en sifflant allègrement, sans nous faire de souci, le long des champs de mines et de fils de fer barbelés; une insouciance caractéristique de notre époque grotesque. La danse macabre des paralysés. En plus, cette enclave berlinoise se croyait à la mode.

Kurt Weill était ma porte de secours. Je préférais ses musiques sur des textes de Brecht. Elles étaient provocantes, anarchistes et drôles. Histoires et ballades tordaient le cou au romantisme. Elles étaient osées, agressives, des armes d'autodéfense, des canons prenant l'ennemi de flanc. *Happy End* réunit ses plus belles chansons, comme, par exemple, «*Surabaya Johnny*», «*Bilbao*», «*La chanson de Mandeley*», «*La chanson de la noix dure*» et d'autres. Dans

Silbersee, réalisé avec Georg Kaiser, j'adorais le « *Lied der armen Verwandten* » et « *Lotterieagenten* ». Le *Requiem de Berlin* est une cantate pour la radio, un ensemble de chants funèbres et d'hommages que Weill a créés avec Brecht. C'était en 1929, après *L'Opéra de quat'sous*, et, déjà à l'époque, ils avaient pris un risque politique en racontant la mort de Rosa Luxemburg dans *Rosa la Rouge*. L'œuvre n'a été diffusée qu'une seule fois, et même pas à Berlin.

L'Opéra de quat'sous est évidemment le premier et le plus grand succès du couple Weill-Brecht. La première a eu lieu en 1928 au Theater am Schiffbauerdamm. Un an plus tard, il y a eu environ quatre mille représentations dans plus de cinquante théâtres à travers l'Europe. Tout le monde sifflait les mélodies dans la rue. Il y avait des bars de quat'sous, des disques de quat'sous, des papiers peints de quat'sous, des tee-shirts, des briquets, des casquettes de base-ball de quat'sous... Brecht n'était pas d'accord avec cette commercialisation des chansons. Le plus important pour lui, c'était les conflits sociaux et le rejet de la société. Ainsi avait-il tissé son filet autour de *Anna I* et *Anna II* dans *Les Sept Péchés capitaux*. Et il était allé jusqu'au bout. C'est la dernière pièce que les deux aient créée ensemble. L'auteur et le compositeur étaient déjà exilés. Venant de Suisse, Brecht est arrivé à Paris où Weill voulait réaliser une commande pour une compagnie de danse en 1930. La première a eu lieu au théâtre des Champs-Elysées. La biographie de Kurt Weill écrite par Jürgen Schebera est très instructive et m'a fait découvrir, grâce à son analyse détaillée de l'époque, un nouveau monde. Il y a quelques années, une deuxième édition a apporté plus d'éléments sur les relations difficiles entre Weill et Lenya.

Le père de Weill avait composé pour les synagogues et Kurt était profondément marqué par les influences musicales de son enfance à Dessau. En 1918, lorsque Kurt s'est inscrit au conservatoire de musique de Berlin à l'âge de dix-huit ans, pour faire ses études chez Busoni et Humperdinck, son entrée dans la musique contemporaine de l'époque semblait inévitable. Les événements de la Première Guerre mondiale et la révolution d'Octobre exerçaient une grande influence sur les auteurs, peintres, architectes et compositeurs. Ce n'est qu'en 1927 que Weill et Brecht se sont rencontrés, alors que ce dernier avait déjà reçu le prix Kleist pour son *Baal*. Ensemble, ils ont créé une nouvelle forme de comédie musicale, le *Songspiel*, un théâtre populaire et politique dans lequel les acteurs chantaient et faisaient de la propagande.

On m'a souvent demandé pourquoi je chante ces vieilles chansons démodées. Ma réponse est simple : ces histoires n'ont pas d'âge. Elles constituent une réflexion et racontent des histoires accablantes et nostalgiques sur les marginaux de la société. Ce sont les *loosers* qui sont intéressants, pas les vainqueurs.

Dans un sens, les visions de Weill sur l'exploitation de l'homme se sont réalisées. Lorsqu'il a écrit *Mahagonny*, dans les années 20, il n'était encore jamais allé en Amérique. A ses yeux, le pays de la liberté illimitée ne pouvait devenir que celui de tous les excès, de l'absence de toute moralité et de la solidarité perdue. Ses remarques satiriques et provocatrices sur les Etats-Unis n'ont rien perdu de leur piquant. Quand, lors d'un récital à New York, j'ai chanté Brecht parmi d'autres morceaux, un Américain a quitté la salle en pestant : *« God dam it, she is singing songs of that communist ! »* Comme beaucoup d'autres artistes, Brecht a été convoqué, lors de son exil aux Etats-Unis, par la commission MacCarthy et accusé de «comportement anti-américain», ce qui sous-entendait des convictions communistes. Pour se tirer d'affaire, Brecht a contesté cette accusation. Pour une partie des Américains, le communisme était apparemment pire que le fascisme.

Après des années d'adaptation au goût musical américain, Weill a fini par entrer dans l'histoire de la musique des Etats-Unis. Il a commencé pratiquement là où Gershwin s'est arrêté. Ses nombreux succès à Broadway, tel *Knickerbocker Holiday* ou *Lady in the Dark* avec Maxwell Anderson et Ira Gershwin comme librettistes, l'ont rendu célèbre dans ce pays et certaines de ses comédies musicales ont été adaptées au cinéma. Mais à chaque fois, Weill était stupéfait de voir à quel point ses compositions étaient coupées et mutilées. En Allemagne, nous avons longtemps jugé ces œuvres américaines fades et banales. Pour nous, Weill n'était important qu'en tant que compositeur de Brecht.

Mais revenons aux *Péchés*. Je répétais à huis clos avec le compositeur et pianiste Jürgen Knieper et nous partagions le même enthousiasme pour cette œuvre musicale et politique unique. Cinq ans plus tard, j'ai eu l'occasion de la présenter à Düsseldorf au Schauspielhaus et à Londres avec le London Symphonic Orchestra et le Royal Philarmonic Orchestra. A Berlin, en 1989, nous l'avons enregistrée avec l'Orchestre symphonique de la Radio à l'église Jésus-Christ. J'en ai été profondément bouleversée. Les coupoles de l'église avaient une acoustique singulière. Enregistrer en ce lieu cette satire de Brecht sur la religion et la politique ne manquait pas d'ironie et me donnait la chair de poule. La grande croix en bois resplendissait au-dessus de ce chef d'orchestre agité qu'était John Mauceri, comme si elle voulait se moquer des textes de Brecht. Les mosaïques des vitraux laissaient entrer une lumière multicolore, divisant l'espace en zones de différentes couleurs. L'orchestre crachait ses mélodies comme un sacrilège. Je chantais avec toutes mes tripes contre la croix immobile. Ça sentait l'encens, même si personne n'en avait brûlé.

Lorsque je préparais mon premier spectacle Kurt Weill avec Jürgen Knieper pendant l'été 1986, l'enregistrement n'était pas encore envisageable. Knieper était un musicien expérimenté et enthousiaste. Sans son aide, je n'aurais jamais été capable de réaliser ce spectacle. J'avais conçu ce concert comme un voyage à travers la vie et la musique de Kurt Weill. Il s'agissait d'une approche tout à fait naïve afin de familiariser les gens de ma génération avec ce compositeur. Je voulais leur transmettre ce que j'avais découvert et qui m'avait bouleversée, tant par le fond que par le plan artistique. J'ai présenté pour la première fois ce spectacle lors du festival du châ-

51

teau de Ludwigsburg. J'avais tout préparé, en auto-didacte. J'avais fait les textes de présentation après avoir travaillé plusieurs mois sur la biographie de Weill. Elle m'avait servi aussi pour interpréter les chansons allemandes, anglaises et américaines et la mise en scène du concert. Je chantais vingt-six chansons couvrant ses débuts à Berlin comme le cycle *Der Frauentanz*, composé sur des poèmes des minnesingers, jusqu'aux œuvres tardives créées durant son exil américain telles *Streetscene*. Je chantais sans micro. Les spectateurs étaient assis sur des bancs et par terre. Je bégayais et balbutiais de temps en temps, je n'étais pas encore très sûre de moi. J'avais visé très haut. Et j'étais complètement imprégnée de mon travail de préparation qui avait duré de nombreux jours et de longues nuits. Petit à petit, je me suis approprié davantage ce programme théâtral et musical. A l'époque, Helmut Baumann m'avait mise en garde : «Ne raconte surtout rien sur sa vie. C'est ennuyeux à mourir.» Mais c'était justement ce que j'avais prévu de faire. Et j'ai eu raison. Devant moi, je voyais des bouches, des yeux, des oreilles grands ouverts. Les jeunes notamment étaient fascinés par l'histoire. Baumann n'avait vraiment rien compris.

7

Cabaret, Savary et compagnie

Alors que j'étais Peter Pan dans les airs, j'ai reçu un appel du Staatstheater de Stuttgart. Son directeur, Ivan Nagel, voulait m'engager la saison suivante pour *Bye, bye Showbiz* dans la mise en scène de Jérôme Savary. C'était la première version allemande de ce spectacle de théâtre musical donné alors à Paris. Cela signifiait que je devais me rendre immédiatement sur les berges de la Seine pour passer une audition avec Savary.

Au théâtre Mogador, je me suis respectueusement laissée tomber dans un des fauteuils rouges Belle Epoque de ce lieu célèbre. *Bye, bye Showbiz* était un spectacle complètement fou, un enchaînement d'images et un accouchement intellectuel de Savary. La vulgarité et l'obscénité de la pièce me troublaient. Mes jambes tremblaient lorsque je suis entrée dans la loge de Savary après le spectacle. Elle ressemblait à un champ de bataille. Un peu ivre, un gros cigare au coin de la bouche, il m'a matée de la tête aux pieds, évaluant ma présence sur scène d'un regard impudique mêlé de complicité. Bien évidemment, il s'agissait aussi d'apprécier mon érotisme. Apparemment, Savary n'était pas totalement satisfait sur ce point, il préférait le genre innocence personnifiée ou Dolly Parton. Ensuite, il a fallu monter sur scène. J'ai chanté quelques mesures de « *May be this time* » de *Cabaret*. Nous n'avons pas pu dépasser les premières notes, car le pianiste était incapable de déchiffrer la partition. Pour Savary, tout était parfait. « *See you soon, baby. Let's work together. You have a beautiful voice.* » Il voulait probablement dire : « *You have beautiful tits.* » Le macho par excellence !

Pendant notre collaboration, j'ai appris à apprécier ce rustre qui n'est pas antipathique. Savary est une caricature de lui-même, un homme qui aime la vie, qui consomme tout en quantités énormes pour ensuite tout recracher : femmes, alcool, théâtre et nourriture. « Bouffer, boire, baiser, se bourrer la gueule, et puis recommencer... » Danse des sorcières, nuit de sabbat, *Mahagonny*, peu importait la façon dont il commençait la journée : *he beats the shit out of it !* Son équipe était presque exclusivement composée d'autodidactes, d'idéalistes extravagants, de drôles de types et autres phénomènes fantastiques. Ceci rendait l'atmosphère grotesque. Je me croyais constamment dans une peinture d'Otto Dix.

Son travail avec le Magic Circus pendant de longues années a fait de Jérôme Savary un soudard. Il a dû se battre pour obtenir de l'argent, pour être reconnu et accepté. Le chemin parcouru entre le théâtre de rue et le théâtre subventionné a été long, dur et pénible. Animal primitif, il fait tout tout seul et trouve son inspiration dans une imagination

54

cynique et osée. Sous sa direction, les acteurs agissent comme s'ils sortaient d'une bande dessinée. Toute valeur transmise par ses pièces est jetée, assenée à la figure du spectateur. Qui n'obéit pas aux ordres de Savary est immédiatement viré, comme ce régisseur, en plein spectacle, parce qu'il n'avait pas bien dirigé le projecteur : «Salaud, tu es viré!» Et ça, devant le public.

En tant que femme, je ne suis pas du tout son type. Je suis beaucoup trop têtue, désinvolte et émancipée pour ça. Savary apprécie ce qui est gentil, coquet et bien en chair aussi. Pourtant, nous nous aimions bien et nous respections dans ce travail, qui a débuté en septembre 1985 au Staatstheater de Stuttgart.

Ivan Nagel, le directeur, m'avait persuadée d'accepter un engagement de deux ans. J'ai donc joué, après *Bye, bye Showbiz* à Stuttgart, dans *Le Bouc* de Fassbinder. L'ambiance de la troupe était typique du théâtre subventionné. Tout ce que nous faisions semblait tragiquement destiné à provoquer des crises. Le moindre problème donnait lieu à des discussions qui duraient pendant des heures. Nous travaillions selon des méthodes trop intellectuelles qui faisaient perdre du temps, creusaient le néant, paralysaient. Cela nous transformait, nous les acteurs, en épaves psychologiques, au lieu de nous permettre de progresser. C'était tout le contraire du travail plein d'énergie et désorganisé de Savary. Lui nous faisait avancer au fouet, mais il était créatif. Il en avait vite marre des palabres sans fin. Néanmoins, j'ai bien profité des représentations de *Bye, bye Showbiz*. J'y interprétais une vieille rockeuse cinglée.

55

Dans le monde du théâtre, je remarquais des comportements qui m'avaient déjà frappée au conservatoire Max-Reinhardt. Au sein de cette foule d'acteurs, de chanteurs et de danseurs se déroulaient des scènes amusantes, mais qui ne manquaient pas de venin. Tous les jours, les collègues des différentes disciplines se retrouvaient à la cantine. Les danseurs, dans leurs extravagants vêtements de répétition usés, leurs jambières remontées jusque sous les aisselles, s'asseyaient dans leur coin préféré en mangeant des yaourts et autres coupe-faim. Un chanteur d'opéra murmurait en passant : «Impossibles, ces danseurs!», avec un regard méprisant sur leur tenue et leur attitude. Les danseurs posaient souvent leurs pieds endoloris sur les tables. De leur côté, ils répondaient à ce chuchotement par une grimace qui voulait dire : «Mon Dieu, ces chanteurs, plus maniérés, tu meurs!»

Lors des répétitions d'opéra, les deux groupes se côtoyaient et devaient, bon gré mal gré, se supporter. Les chanteurs considéraient les danseurs comme des bouche-trous : «C'est aux danseurs maintenant, allons prendre un café. Tu sais, le solo de la sauterelle, celle qui se plaint tout le temps. Il y a toujours quelque chose qui ne va pas. C'est soit ses chaussons qui la serrent, soit son costume qui la gêne, soit le sol qui n'est pas assez lisse. Quand je pense qu'ils croient que ce qu'ils font c'est de l'art.» Généralement, les danseurs hommes avaient la réputation d'être bêtes. «Quelqu'un qui passe ses journées à faire des pirouettes et porter des greluches n'a certainement rien dans la cervelle.» De l'autre côté, on disait des divas, ténors, barytons et basses : «Ils se croient supérieurs. Ils se rengorgent à chaque mot comme s'ils étaient sur scène. Même pour commander un coca, ils font trembler la cantine. Ils exagèrent tout et sont terriblement gros. Pour ménager leurs cordes vocales, ils vont jusqu'à porter des panneaux autour du cou annonçant : "Je ne dois pas parler." Mais ce ne sont que des hypocondriaques. Ils ont toujours un pet de travers! Ils nous obligent à laisser fermées les fenêtres de la cantine. C'est une honte! Leurs gloussements stupides nous exaspèrent, ils ont la force de Siegfried tuant le dragon ou la faiblesse d'une soprano qu'on chatouille.»

Bref, danseurs et chanteurs ne peuvent pas se supporter. Apparemment, ils ne trouvent aucun point commun à leurs professions et n'acceptent qu'à contrecœur la présence de l'autre groupe sur scène. Aux Etats-Unis, les deux modes d'expression sont plus étroitement liés grâce à la comédie musicale. Chacun est à la fois danseur, chanteur et acteur. Dans nos théâtres nationaux et municipaux, les espèces vivent recroquevillées dans leur coin et ne veulent même pas lier connaissance.

Mais parlons des acteurs, qui trouvaient refuge dans un autre coin de la cantine. Aux yeux des deux espèces précédemment citées, ils étaient complètement cinglés : «Tiens, voilà les intellectuels ratés. Ils parlent toute la journée et ils ne foutent rien. Ils ne savent même pas ce que c'est que travailler. Ils bavardent et ils n'ont jamais connu la discipline. Ils fument, ils boivent, ils traînent toute la nuit dans les bistrots...» Les acteurs, eux, prenaient ces propos de haut car, sur scène, ils ne travaillaient que rarement avec «ces chanteurs de tyrolienne» ou «ces sauterelles».

Connaissant chacune de ces espèces, ayant de l'affection pour les trois, je me mêlais indifféremment aux unes et aux autres et je m'amusais gentiment. Le métier de danseur, avec la contrainte de l'entraînement quotidien, l'usure précoce du corps et toute la douleur qui se cache derrière les pas gracieux des ballerines, me semble extrêmement dur. Les femmes doivent pratiquement arrêter à trente-cinq ans, les hommes à quarante-cinq grand maximum. Leur espoir, c'est de se faire engager par une compagnie où les danseurs montent sur scène au-delà de la limite d'âge habituelle pour interpréter des personnages spécifiques. J'admire les danseurs. Ils fournissent un travail harassant et ce qu'ils présentaient sur scène était superbe.

A mon avis, les chanteurs d'opéra font, eux aussi, un travail difficile. Toujours et partout, leur attention se concentre sur leur voix. Le matin au réveil, ils contrôlent l'état de leurs cordes vocales par un raclement de gorge et leur dernière pensée le soir est également pour cet organe sensible auquel le silence fait tellement de bien. Que se passe-t-il quand ils sont en colère? S'autorisent-ils à hurler vraiment fort? Comment peuvent-ils crier et rire avec leurs enfants? Toute expression vocale est soumise à un contrôle. La voix réagit à chaque forme de surmenage. Cela signifie une pression constante. Je leur tire mon chapeau.

Je me sens aussi proche des acteurs. Ils ont, d'une certaine façon, une plus grande liberté pour présenter la vie sur scène. Cependant, il leur faut éviter trop de bonheur dans l'existence parce que, ce qui intéresse au théâtre, c'est de voir des personnalités déchirées. Ainsi se laissent-ils ronger par le doute et, délibérément, se rendent-ils la vie plus difficile. Ils sont compliqués et égocentriques, ces acteurs, et j'en fais partie. A ce moment-là, je cherchais mon propre style qui devait aboutir à la fusion de ces trois formes d'expression. En moi, la danseuse se moquait encore de la chanteuse, la prenant pour son ennemie.

Pendant ce temps, Nagel, le directeur, restait assis dans son fauteuil et déplaçait les acteurs comme des pions sur un échiquier. Une coupe de champagne à la main, une cuisse de canard entre les dents, il travaillait uniquement pour son image. J'ai trouvé très juste le portrait qu'a fait de lui Klaus Pohl dans un article paru pendant l'été 1994, dans le *Spiegel* : «A Berlin, au Paris-Bar... A la table voisine, le professeur Ivan Nagel discute avec le professeur Henning Rischbieter. Ils se demandent si l'Othello de Schwerin invité au festival était plus noir que celui de Hambourg mis en scène par Peter Zadek... Non, pardon, meilleur, mais pas plus noir. — Si l'Othello donné à Schwerin était meilleur que l'Othello donné à l'époque à Hambourg.»

«Schwerin est plus fascinant que Zadek», déclare Henning en avalant une gorgée de riesling. Nagel explique une nouvelle fois pourquoi il a résilié son abonnement à la revue *Theater Heute* après des dizaines d'années : «Ce magazine est tout simplement trop bien pour le théâtre allemand. On croit avoir de l'or entre les mains, mais, en réalité, on n'a qu'un tas de vers. Que des réponses à des questions que personne n'a jamais posées. »

Fin 1985, début 1986, Jérôme Savary m'a proposé le rôle de Sally Bowles dans sa mise en scène de *Cabaret* au Théâtre du 8ᵉ à Lyon. J'étais incroyablement surprise. Jouer ce rôle était mon plus grand désir, il me trottait dans la tête depuis longtemps. Le film de Bob Fosse avec Liza Minelli dans le rôle principal me hantait depuis des années. Je n'ai pas du tout regretté Stuttgart, j'étais contente de pouvoir à nouveau changer de vie. De toute façon, dans cette petite ville souabe trop paisible, je souffrais de claustrophobie.

Le rôle de Sally Bowles, qui unit les dimensions dramatique et musicale, était un rêve pour moi. Sally est fragile, agressive, têtue, drôle, passionnée, forte et sensuelle. De plus, ce personnage présente l'énorme avantage d'être au centre d'une histoire politique captivante. *Cabaret* est une des comédies musicales les plus intéressantes. Exceptionnellement, elle traite d'un sujet européen, c'est-à-dire allemand. Sur fond de montée du fascisme à Berlin, ville du cabaret, elle raconte deux histoires d'amour. Sally Bowles, jeune femme d'origine anglaise, chanteuse dans un club de deuxième catégorie, se trouve tiraillée entre son amour pour l'écrivain américain Clifford Bradshaw et sa passion pour la scène. Elle a des scrupules de chanter dans un endroit où, tous les soirs, le public hurle : « *Deutschland, Deutschland über alles!* », et où les juifs sont matraqués. L'autre histoire d'amour, c'est celle de Mlle Schneider, la logeuse de Sally, avec un marchand de fruits juif. Les deux relations seront brisées par le contexte social.

Sally est complètement apolitique. Le monde autour d'elle pourrait s'écrouler, elle continuerait à chanter *Life is a cabaret*. Le texte de ce rôle est tantôt très drôle, tantôt tragique, avec de très belles chansons. Je comprenais bien ce personnage dans sa solitude et sa nostalgie. Sally vit au jour le jour, dans le présent. Elle déteste tout ce qui est rigide, figé et bourgeois. Elle porte en elle une éternelle inquiétude. Elle cherche à s'affirmer et remet toujours tout en question. Elle n'est pas facile, on ne peut pas l'enfermer. Tout ce qu'elle essaie de retenir lui glisse entre les doigts. Tout ce qu'elle tente de chasser de son esprit l'obsède. Ça, je connais bien pour l'avoir vécu moi-même. J'interprétais ce rôle de toute mon âme.

Savary avait conservé le texte anglais des chansons originales, ce qui m'a fait plaisir. Elles avaient cette puissance du jazz de Broadway. En anglais, les voyelles se chantent mieux, en français, elles sont fermées et nasales. L'allemand, trop sec, fait pourtant merveille pour raconter des histoires en musique, pour le récitatif ou le lied. Tout le reste prend l'air de chansons allemandes des années 60 ou 70, comme celles de Christian Anders ou Mary Roos. Les rockers ont leur propre langage, qui est à la fois une conception de la vie et leur propre identité. Les paroles des comédies musicales n'ont jamais la force du rock. Elles contiennent toujours une bonne dose de clichés. Les personnages sont souvent stéréotypés. *Cabaret* évitait tout le kitsch des comédies musicales.

Le plus difficile pour moi a été d'interpréter le rôle de Sally en français. J'ai appris le français à l'école, mais, pour solide qu'elle était, ma connaissance de cette langue était insuffisante. Je récitais les dialogues, mais je ne les vivais pas. Il m'a fallu un certain temps avant de me sentir à l'aise. Heureusement, presque toute la troupe était française. Je bavardais aussi souvent que possible avec les autres acteurs. Quand j'avais le temps, je regardais ces horribles jeux télévisés français et les feuilletons américains doublés en français. C'était tellement nul que ça en devenait fascinant. Le soir, jusque tard dans la nuit, nous allions au Bistro de Lyon où nous mangions des steaks saignants en buvant du rouge. Oui, les Français sont de bons vivants. Ils profitent mieux de la vie que les Allemands, ils sont beaucoup moins disciplinés, plus bordéliques et moins prétentieux. C'est particulièrement vrai pour les gens de théâtre.

Yan Babilee interprétait Clifford. Il était tout le temps en train d'inventer sur le plateau et ne respectait jamais ce qui avait été fixé. Pendant les répétitions, c'était acceptable car on cherche toujours la meilleure interprétation du rôle mais, lors des représentations, cela peut être extrêmement déconcertant. Il n'était jamais là où je m'attendais à le trouver et modifiait parfois son texte d'une façon tellement drôle que je m'écroulais de rire. A l'époque, je rêvais d'avoir la même liberté.

Les répétitions de *Cabaret* avaient été très éprouvantes. Les larmes coulaient à flot. Savary m'engueulait tous les jours car mon accent allemand résistait à tout exorcisme. Une chose le dérangeait, puis une autre : mes hanches étaient trop étroites, mes jambes trop longues, mon nez trop grand... Il ne nous épargnait aucun des comportements névrotiques du metteur en scène qui manque d'assurance et qui travaille avec l'obsession du résultat final. Il arrachait régulièrement la baguette à Michel Dussarat, qui jouait le maître de cérémonie, l'agitait farouchement et frappait le bord du plateau. Il se comportait comme un dictateur. Chaque jour, il virait un technicien. Il piquait des colères au point de casser les fauteuils et d'avoir l'écume à la bouche. Mais comme il était original de la tête aux pieds, je lui pardonnais ses crises.

La première de *Cabaret* à Lyon s'est déroulée à peu près correctement. Nous n'avions pas suffisamment travaillé les passages dramatiques. Savary s'était uniquement intéressé aux aspects techniques du spectacle et s'était très peu préoccupé de sa construction et du travail des dialogues. Il avait parfois crié : « Plus d'émotion, plus d'émotion, bordel de Dieu ! », et c'était tout pour l'aspect scénique. Les représentations quotidiennes nous ont permis d'acquérir une plus grande assurance et d'entrer plus intensément dans l'action. Même si c'était fatigant de nous tordre l'âme chaque jour, nous progressions incontestablement. C'est l'avantage d'enchaîner les représentations par rapport aux troupes qui fonctionnent sur répertoire. Dans cet autre type de gestion, les troupes cherchent constamment à renouveler les performances de la première, ce qui n'est pas facile, étant donné les interruptions en cours de saison et l'oubli qui en découle.

A cette époque, le nuage radioactif de Tcherno-byl menaçait nos latitudes. En Allemagne, les mises en garde et le contrôle des vivres battaient leur plein, alors qu'en France, et notamment à Lyon que le nuage avait survolé, aucune mesure de prévention n'avait été prise. Le gouvernement affirmait qu'il n'y avait aucun danger. Ce n'est que quelque temps plus tard qu'il a reconnu que la radioactivité du sol avait augmenté. C'est donc avec un retard de plu-sieurs semaines que champignons, salades et autres légumes ont été retirés de la vente. Cette manipu-lation des Français pour essayer de dissimuler la réa-lité m'étonnait beaucoup. C'est pour cela que le scandale du sang contaminé ne m'a pas tellement surprise. Le *bullshit* à la française était plutôt bizarre mais ne manquait pas de charme.

Après une tournée de plusieurs mois dans les pro-vinces françaises, nous avons donné une version allemande du spectacle au Schauspielhaus de Düs-seldorf. Cet intermède a été important pour moi. J'ai mieux compris le rôle après l'avoir joué dans ma langue maternelle. J'ai pu ainsi appréhender le per-sonnage de Sally avec plus de finesse.

Ensuite — j'avais déjà interprété Sally environ cent cinquante fois — nous nous sommes enfin ins-tallés à Paris, au théâtre Mogador. Paris nous a réservé un accueil exceptionnel. Les gens affluaient aux représentations. En général, les Parisiens n'ai-ment pas les comédies musicales. Lorsque *42nd Street* s'y est jouée, le théâtre était vide ; la même chose s'est produite pour les œuvres de Lloyd Web-ber, qui connaissaient pourtant un triomphe mon-dial. *Cats* n'a tenu l'affiche que six mois, faute de public. *Starmania* est la seule comédie musicale française qui ait eu du succès. Elle est reprise à Paris tous les quatre ou cinq ans. De toute façon, les comédies musicales, à quelques exceptions lyonnaises près, se jouent uniquement à Paris. Très peu de pièces sont présentées dans les autres villes françaises, contrairement à l'Allemagne où existent plusieurs grands centres culturels. La province est un autre monde. On a souvent l'impression que le temps s'y est arrêté.

Un soir, pendant une représentation parisienne, il s'est produit un incident à la fois tragique et comique. Avant de monter sur scène, j'avais mangé des cacahuètes. Tous les chanteurs savent ce que provoque un morceau de noix coincé dans la gorge. Pour chanter «*Maybe this time*», la ballade merveilleuse et déchirante de la soirée, j'étais sur un lit téléguidé qui glissait sur scène. C'était l'une des idées enfantines et fantastiques de Savary. Fasciné, le technicien jouait en coulisse avec la commande comme avec un cadeau de Noël. Mon partenaire, Clifford, était sous la couverture et, sans gêne, il me pinçait la cuisse comme à son habitude. Tout s'est déroulé normalement jusqu'au moment où, après quelques mesures, un morceau de noix s'est coincé entre mes cordes vocales. Plus un son. J'essayais et je toussais comme une folle, les larmes me montaient aux yeux. Nouvel essai, mais cette foutue noix ne voulait pas partir malgré mes toussotements. Elle grattait, les larmes continuaient de couler et les musiciens restaient imperturbables. Se rendant compte qu'il y avait un problème, Jan m'a pincée une dernière fois. J'ai éclaté de rire. Je n'avais pas d'autre choix que de dire au public que mes cordes vocales s'étaient mises en grève. Je ne voulais simplement pas avouer le morceau de noix coincé. Alors j'ai dit : «Excusez-moi, j'ai une grenouille dans la gorge.» Seulement, cette expression n'existe pas en français et le public l'a prise au pied de la lettre. Tout le monde a éclaté de rire. Y compris mon partenaire sous la couverture.

J'ai dû sortir de scène pour noyer la grenouille dans un verre d'eau. Comble de malchance, il y avait ce soir-là, dans le public, Clive Davis, le manager de Whitney Huston, qui voulait me voir sur scène pour me proposer éventuellement quelque chose. La belle ballade est morte ce soir-là. Je n'ai plus jamais entendu parler de Davis...

Après quatre mois de représentations, j'ai reçu un Molière, le prix officiel du théâtre en France. Aussitôt les médias m'ont sauté dessus, des inconnus recherchaient ma compagnie. J'étais incroyablement fatiguée, physiquement épuisée, ce qui fait que je ne parvenais pas à me réjouir de cette reconnaissance. Je ne comprenais pas ce qui m'arrivait. Comme je l'avais fait lors des gigantesques productions précédentes, j'avais surmené mon corps et mon esprit pendant des mois. Mes cordes vocales étaient légèrement enflammées. Chaque coup de téléphone me coûtait un effort énorme. Je n'arrivais pas à faire face à l'assaut des médias.

Pour les Allemands, je suis subitement devenue une héroïne nationale parce que j'avais réussi à faire carrière à l'étranger. Les médias exagéraient tout sans aucune retenue. A vingt-trois ans, ils ont fait de moi une «enfant prodige». Des grands titres stupides du genre «Alice au pays des merveilles», ou «De Münster à Broadway» faisaient la une des journaux. Je n'ai jamais trouvé de juste mesure dans les jugements, ni une présentation sobre visant la vérité ou la précision du contenu. C'était la plupart du temps un verbiage sans intérêt. Même les magazines prétendument sérieux cédaient à ces facilités.

Jusqu'à cette époque, j'avais organisé ma vie moi-même. Mais soudain tout me dépassait. Je me suis trouvée contrainte d'avoir recours aux services d'une agence et j'ai signé un contrat à Francfort-sur-le-Main. Ce faisant, j'ai renoncé, comme j'ai pu vite m'en apercevoir, à une partie de ma liberté et de mon indépendance.

8

Francfort et autres impasses

La roue tournait de plus en plus vite et je ne maî-
trisais plus la vitesse. Aujourd'hui, lorsque j'y songe,
je ressens encore une légère nausée et un peu de
honte. En 1987, près de deux cent mille personnes
sont venues assister à mes concerts. Je jouais dans
les plus grandes salles devant des dizaines de milliers de spectateurs. C'était une manifestation de
masse, un spectacle sans la moindre qualité théâtrale. J'étais trop naïve pour dire non à ce genre
d'entreprise, et je manquais encore d'expérience
pour monter un show véritablement fou et ingé-
nieux. Peut-être étais-je trop bête aussi.

Cette mégalomanie m'horrifiait. Mais j'y suc-
combais, et il n'y avait pas d'autre issue que d'entrer en scène pour y sombrer. En coulisse, ça sentait le gros business. Ça travaillait, ça jacassait à n'en
plus finir, ça fanfaronnait à tel point que l'on aurait
pu voir, comme dans les bandes dessinées, sortir les
bulles de la bouche des protagonistes. Les règles du
jeu ne permettaient pas la moindre retenue, encore
moins la modestie et surtout pas le doute sur la stra-
tégie. C'était un procédé délibéré : j'étais la cape

rouge du toréador... « Sur les quais, Mackie se promène, il n'est au courant de rien. »

Les critiques, qui, jusque-là, avaient vénéré l'idole, commençaient à la faire tomber de son piédestal. Les commentaires méchants et blessants pleuvaient. C'était en partie justifié car je faisais preuve de mauvais goût et je me laissais embarquer dans n'importe quelle émission. On me traitait comme une star, les gens me prenaient pour quelqu'un que je n'étais pas. Et moi, je perdais de vue qui j'étais réellement et qui je voulais devenir.

Pendant mes deux années dans cette ville pleine de banques, j'ai fréquenté un milieu extrêmement snob qui manquait sévèrement de matière grise. Même un Leo Löwenthal ne pouvait pas y changer grand-chose. Il n'y avait qu'une seule philosophie : l'argent, et uniquement l'argent. Toute la ville sentait l'argent. Même les poètes avaient une Mercedes dans leur garage. Derrière leurs bureaux Ikea, ils abusaient de la crédulité des étudiants. Comment éprouver un sentiment de déracinement, « l'insoutenable légèreté de l'être » entre les murs d'une villa à trois millions de marks ? Le retour au préromantisme se faisait attendre. Dans ces sphères, le papier hygiénique était douillet et l'essence de violette exaltait la vie ésotérique. Même la réalité était rose et délicatement bête. Les magasins de Jil Sander proposaient de la poésie sous forme de pulls en cachemire de couleurs fades, ton sur ton, à l'image de la grisaille de ceux qui les portaient. Je devenais de plus en plus claustrophobe dans cette cage dorée, ma situation personnelle embourbée et mes obligations professionnelles m'empêchaient de sortir de ce cercle vicieux.

La rupture s'est opérée beaucoup plus tard et lentement, la dépendance étant habilement entretenue. Pour ce faire, il a fallu me détourner d'une personne que j'aimais autant que je la détestais, un sentiment où se mêlaient douleur et impuissance.

Alors, j'ai tiré à la courte paille.

Je suis enfin devenue mon propre maître. C'était le plus important. Dès lors, j'étais libre d'assumer moi-même mes erreurs. Et la critique pouvait à nouveau m'inspirer. Depuis ce jour, plus que jamais j'apprécie mon travail, que j'exerce en refusant tout compromis.

9

Le plateau
et la recherche de l'équilibre

Tandis que la presse allemande m'épiait, à l'étranger on manifestait de l'intérêt à mon égard, suite à mon travail en France et à la sortie mondiale de disques de Kurt Weill. En 1988, mon premier disque a été n° 1 des Cross Over Charts américains pendant plusieurs semaines.

J'ai donné des concerts en Angleterre, en France, en Italie, en Hollande, en Israël, en Espagne, en Suisse, aux Etats-Unis, au Canada, au Japon, à Hong Kong et en Australie. Par ailleurs, des projets ont pris forme, entre autres avec Maurice Béjart et Michael Nyman. A plusieurs reprises, j'ai eu la possibilité de changer. J'ai participé aussi à des tournages à Moscou, Budapest ou Varsovie, par exemple. Cette rencontre entre la réalité sociale et politique et un travail intéressant élargissait mes horizons.

Je voyageais tellement que, parfois, je ne savais plus où j'étais. Peu importait la scène sur laquelle je me trouvais, c'était toujours la mienne, car mon propre monde avait brutalement pris toute la place.

La masse noire du public, peu importaient ses dispositions, formait le quatrième mur.

Dans certains théâtres, cependant, mes jambes fléchissaient sous le poids de l'histoire des planches que j'avais sous les pieds. Cela m'est arrivé en 1990, quand j'ai donné un concert au Piccolo Teatro de Milan. C'est chez Giorgio Strehler, un spécialiste de Brecht, que j'ai présenté le spectacle Kurt Weill. Les dimensions de la salle, quelques centaines de places, étaient idéales pour ma représentation. Chaque mot, chaque son, chaque geste prenait un côté intimiste, sans jamais avoir besoin d'exagération. Etre restée deux heures sur les planches de Giorgio Strehler et avoir senti la curiosité pressante du public est un souvenir inoubliable. Depuis ce jour, je donne environ vingt concerts par an en Italie, surtout à Rome et à Milan.

Mon premier spectacle à la Scala de Milan s'est déroulé en 1993. Luciano Berio dirigeait un concert de ses compositions personnelles et de celles qu'il avait créées en collaboration avec sa femme, Cathy Berberian. J'ai chanté une partie de ses compositions, notamment les chansons folk, et celles de Weill qu'il avait orchestrées pour Cathy. Plus tard, ces concerts se sont également donnés à Florence et à Turin. Le fait de chanter sans micro leur conférait un caractère particulier. Je n'avais pas fait cela depuis des années et j'étais très nerveuse. Cette projection de la voix, cette tension vers le seul volume sonore ne me plaisent guère. C'était athlétique. Je préfère chanter pour l'oreille des gens, délicatement et doucement. La meilleure qualité s'atteint un micro à main. Mais, au milieu des chanteurs classiques, il fallait bien que je mette des chaînes à la technique. Tout s'est bien passé et la Scala m'a invitée à présenter mon propre répertoire dans le cadre d'une série de concerts.

En janvier 1990, deux mois après la chute du Mur, j'ai présenté le spectacle Kurt Weill au Berliner Ensemble am Schiffbauerdamm. Chanter Brecht dans le théâtre de Brecht et le faire sans le dogmatisme dicté par Brecht et respecté dans ce lieu depuis des années, c'était un défi à relever et l'exploration d'une terre vierge. Les attaques pianissimo, le langage contemporain de la rue et l'accent porté davantage sur la représentation scénique que sur le côté didactique ont semblé surprendre les spectateurs. En outre, les Berlinois de l'Est ne connaissaient apparemment pas le Kurt Weill français. Manifestement, en RDA, il n'existait que conjointement à Brecht avec lequel il avait travaillé à peine quatre ans. En dehors des mélodies françaises tristes, les éléments de jazz et de swing dans ses œuvres américaines ont également surpris. Jusqu'alors, ces compositions avaient été considérées avec le dédain que l'on réserve aux farces.

Quatre cents personnes environ sont restées dans le théâtre après la représentation. Nous nous sommes assis sur scène et nous avons discuté toute la nuit. Il y avait tant de choses à dire sur le dogmatisme de Brecht et la diversité de la musique de Weill. J'ai écouté des histoires émouvantes, des commentaires euphoriques et excités sur les bouleversements sociaux de l'époque. Je vibrais moi aussi des émotions du temps. Le 4 novembre 1989, à Berlin-Est, le jour de la grande manifestation dans la capitale de la RDA, j'ai participé à une réunion entre des artistes d'Allemagne de l'Ouest et de l'Est, qui désiraient échanger leur point de vue sur la situation. A ce moment-là, je me posais déjà la question qui me préoccupait au Berliner Ensemble : si Brecht était avec nous, approuverait-il ce renouveau ? J'étais intimement convaincue que les interprétations de Brecht s'étaient éloignées de lui tout au long de l'existence de la RDA. Sa devise était le changement, pas la stagnation. Il aurait trouvé bien des points critiquables en RDA. Et ne parlons pas de l'Allemagne fédérale qui, à l'école, présente Brecht comme un classique.

Après cette longue soirée, nous avons eu du mal à faire traverser la frontière en sens inverse à Jeff Cohen, le pianiste. Comme il est américain, il devait emprunter le point de passage Checkpoint Charlie, même si, de fait, la frontière n'existait plus. De plus, minuit était passé depuis longtemps, et autrefois il fallait quitter la RDA avant cette heure fatidique. Nous avons donc patienté une heure dans le froid en attendant une autorisation exceptionnelle pour Jeff. Nous avons gardé le sourire, car nous étions complètement sous le charme de cette soirée. L'avenir était encore plein d'espoirs.

En 1991, j'ai présenté le spectacle Kurt Weill aux Bouffes du Nord, le théâtre parisien de Peter Brook. Sous sa voûte, cette salle cachée, mal entretenue, crépusculaire, est toujours marquée par l'impact des bombes. Ses murs fatigués parlent des tragédies de la guerre. Le crépi s'effrite. Au lieu de dissimuler le

74

passé, il le dévoile. On a presque l'impression d'être dans un bunker. En lui-même, le théâtre est déjà un décor. Il y a de la tension dans l'air. Le spectateur est prisonnier de l'acteur, qui lui-même est prisonnier de sa situation. Il n'y a donc plus ni dramaturgie ni auditoire. Tout le monde est soumis aux mêmes contraintes et hallucinations.

Micheline Rozan, la directrice du théâtre, serrait chaque soir les gens sur les bancs afin de pouvoir garantir une place à chacun. Dans sa profession, elle est un dinosaure. Telle une mère supérieure, elle dirige ses ouailles, intransigeante et sans pitié, avec au coin de la bouche l'esquisse d'un sourire moqueur. Avant chaque représentation, j'avais le plaisir de trouver dans ma loge une grosse quiche lorraine, qui devait me donner des forces, mais elle était tellement salée que j'avais de violents accès de soif pendant que je chantais! Faisait-elle exprès de mettre autant de sel? La langue collée au palais, je chantais *La complainte de la Seine* comme le cri d'une assoiffée et non plus comme celui d'une noyée. Les représentations suivantes, je n'ai mangé ma quiche, accompagnée d'un bon verre de rouge, qu'à la fin du spectacle. J'ai adoré ce théâtre.

Une ambiance similaire, mais moins mystérieuse et moins authentique, régnait au Almeida Theater de Londres. En 1990-1991, j'y ai présenté une série de spectacles Kurt Weill qui ont été nominés pour le *Laurence Olivier Award*, le prix anglais du théâtre. Ensuite, j'ai donné de nombreux concerts à Londres, au Royal Festival Hall, au Barbican Center, au Queen Elizabeth Hall et au Sadlers Wells. Il s'agissait soit de programmes solo avec des chansons ou des musiques de Weill, soit des *Sept Péchés capitaux* de Brecht et Weill, accompagnés par l'Orchestre symphonique de Londres, sous la direction de Kent Nagano, ou par le Royal Philharmonic Orchestra. Au Royal Festival Hall, j'ai présenté *Songbook* dont Michael Nyman m'a écrit les chansons. J'étais accompagnée par son orchestre qu'il dirigeait personnellement. Les concerts à Londres étaient particuliers. La musique contemporaine de Nyman, Glass, Hentze, Cage et autres rencontre toujours là-bas un grand intérêt.

En 1993, pendant une semaine, j'ai présenté mon spectacle *Illusions* à Paris, au Théâtre de la Ville. Pour m'y rendre en taxi — ce qui n'était pas facile à 18 heures —, je passais par les quais. Cela voulait dire une circulation chaotique sous les ponts mystérieux dans la lumière brillante du fleuve. Dans les gaz d'échappement défilaient le musée d'Orsay, puis la Conciergerie où Marie-Antoinette a été enfermée avant d'être décapitée. Chaque fois, je me rappelais la scène où elle essayait de faire passer de petits mots par les fenêtres fermées par des grilles. Elle avait gravé ses messages sur du papier en le trouant à l'aide d'épingles à cheveux. Un cauchemar vieux de deux cents ans ! J'ai joué dans le film de Pierre Granier-Deferre, *L'Autrichienne*, qui raconte le procès et la captivité de Marie-Antoinette, et, depuis, je n'arrive plus à me libérer de ces images. Il a été tourné dans le château de Maisons-Laffitte. En 1989, pendant dix semaines, dans les prisons de ce château, j'ai été une Marie-Antoinette pâle et grise, confrontée à la mort. Le corset et quatre jupes avec jupons, certaines avec des baleines, rendaient le rôle désagréable. J'avais froid malgré cette épaisseur de vêtements, et le soir, mon mouchoir était noir de poussière. Alain Decaux avait écrit le scénario. Tout était d'une grande précision historique, mais la réalisation manquait d'imagination et de tension. En fait, il s'agissait plus d'un documentaire que d'un film de fiction. Ce n'était pas vraiment le cinéma d'action de l'an 2000 mais plutôt un long et difficile processus, avec de nombreuses interrogations et réponses, de longs intermèdes solitaires et introvertis, d'où ressortait essentiellement la situation désespérée du personnage principal.

J'arrivais donc au Théâtre de la Ville la tête ailleurs. A l'époque, dans le grand foyer du théâtre, j'exposais une vingtaine de mes peintures à l'huile. En arrivant, je vérifiais toujours que les toiles étaient bien accrochées. Ensuite je me faufilais jusqu'à la scène pour faire la balance de son.

La scène est immense, parfaite pour les spectacles de danse qui s'y déroulent. J'ai parfois vu là Pina Bausch. Elle y faisait apparaître des mers et des parcs. Sa nombreuse troupe de danseurs vivait sur scène comme dans un kibboutz. Ils y créaient un village. J'avais nourri le rêve de voir travailler Pina Bausch. Ce rêve s'est réalisé pour la première fois en 1995. A Wuppertal, j'ai fait un remplacement, pendant quelques représentations, dans son fameux spectacle sur Weill, *Fürchte dich nicht*. Ce fut une merveilleuse aventure. J'espère pouvoir assister un jour à son travail de création pendant les semaines de répétitions.

Pour le Théâtre de la Ville, j'avais créé une ambiance particulière. Le fabuleux danseur Larrio Ekson et moi interprétions les chansons en les jouant. Nous avions donné une âme à la scène, nous faisions comme s'il s'était agi de notre salon. Nous étions à la fois les meubles, les objets, les horloges et les personnes qui y vivaient. Tout le monde ne comprenait pas notre chorégraphie, mais cela arrive souvent et ça ne me dérange guère. En général, après le spectacle, je quitte le théâtre en courant. Je n'aime pas analyser et discuter en détail les représentations puisque, de toute façon, elles changent tous les soirs. Je préfère retourner vite à la partie privée de ma vie, car c'est là que je puise ce qui donne de la force à la scène. En revanche, pendant les répétitions, je me consacre corps et âme et vingt-quatre heures sur vingt-quatre à la pièce, à sa mise en scène, à sa musique et à mon interprétation.

J'ai donné également des concerts supplémentaires aux Folies-Bergère, ce vieux débarras à fatras. A l'époque, ce théâtre n'avait pas encore été rénové : la scène et les coulisses sentaient mauvais, on y trouvait la même poussière qu'au début du siècle. Les toilettes à la turque et les installations sanitaires semblaient n'avoir pas été remplacées depuis des décennies. C'était fascinant de se promener dans ce décor.

L'Olympia de Paris aussi est un lieu chargé d'histoire. Tous les grands sont passés un jour ou l'autre sur cette scène : Edith Piaf, Yves Montand, Dietrich, des chanteurs de variétés... J'ai eu l'honneur d'y donner quatre concerts en 1990.

Je garde un souvenir très précis des spectacles au

Teatro Greco, en Sicile, et de cet incroyable Palao de la Musica à Barcelone. Son architecture mélange, à vous en couper le souffle, l'Art nouveau et les styles arabe et espagnol. Lorsque nous y avons donné les concerts de Michael Nyman, nous sommes tous restés sous le charme de l'architecture et de l'acoustique du lieu. Le public espagnol est sauvage, il a énormément de tempérament. Ça « chauffe » beaucoup. Très souvent — comme en Italie —, la climatisation ne marche pas. La chaleur s'accumule. Le sang circule au rythme de la musique. En Méditerranée, les concerts sont des fêtes populaires. Mes régisseurs son et lumière sont souvent complètement désespérés car, en règle générale, l'équipement technique est dans un état lamentable. Beaucoup d'appareils ne fonctionnent pas ou sont tellement poussiéreux qu'on pourrait croire qu'ils n'ont pas été utilisés depuis des années. Le dévouement des gens du théâtre est touchant, mais ils se battent contre la décrépitude comme Don Quichotte contre les moulins à vent.

Bien que méditerranéenne, la Côte d'Azur est totalement différente. Ici, les âmes sont lourdes comme du platine et scellées avec de l'or. Tout est en très bon état et fonctionne sans problème. Mais il est rare que les porteurs de Rolex se montrent enthousiastes. En 1993, j'ai donné une série de concerts au tristement célèbre Sporting Club de Monte-Carlo. Mon Dieu ! Comme les intérêts non fiscalisés ont rendu les mains lourdes et oisives ! Les dames n'ont rien d'autre en tête que leur blancheur ou leur bronzage, et leur seule ambition, c'est d'exhiber leurs pierres précieuses, leurs colliers, leur dernière coiffure et leurs ongles manucurés. Elles applaudissent avec des griffes de chat persan. Mais j'ai pu m'y offrir des vacances agréables.

En 1988, j'ai donné mon premier concert à New York dans le hall Abraham Merkin du Lincoln Center. A cette époque, mon disque solo des musiques de Weill n'était pas encore sorti aux Etats-Unis. Après la curée journalistique allemande, les bonnes critiques que j'ai reçues là-bas m'ont été particulièrement agréables. Mes disques ultérieurs ont aussi rempli les salles de concert.

J'ai présenté plusieurs fois le spectacle Weill et d'autres récitals accompagnés au piano ou par un orchestre au Alice Tully Hall. J'ai chanté au Ballroom et au Tatoo et, pendant quinze jours, deux fois par jour, au Rainbow and Stars du Rockefeller Center. La tournée m'a également conduite à Washington, Chicago, San Francisco, Montréal, Boston, Los Angeles, Tanglewood, Minneapolis et de nombreuses autres villes des Etats-Unis. Mon disque *Illusions* a été n° 1 des Cross Over Charts pendant des semaines, mon deuxième album solo des musiques de Weill lui a succédé.

Le public des États-Unis et du Canada est particulièrement euphorique. Les gens qui sont venus voir mes spectacles étaient plutôt «cool» parce que l'univers de Weill, la chanson européenne des années 50 et le cabaret satirique de l'époque allemande de Weimar n'attirent que les amateurs.

Le public des comédies musicales est, lui, tellement porté sur le kitsch que j'en ai encore les cheveux qui se dressent sur la tête. Les larmes coulent à flot pour des chansons comme *Les Misérables, Me and my Girl, Showboat,* etc. Pendant l'air de la fille abandonnée, ou de l'amant déçu et déprimé, on entend les gens se moucher et chuchoter, gémir et sangloter. Comparée à ces spectacles, *L'auberge du cheval blanc* est un documentaire dépourvu d'émotion !

Broadway est l'illustration parfaite de l'industrie du spectacle, qui sait très bien comment appâter le public. Quand on en chante les louanges, je m'énerve et m'insurge. Certes, les acteurs y sont vraiment de tout premier ordre, mais les spectacles sont souvent insipides. La 42ᵉ Rue n'est plus ce qu'elle était. En plein jour, elle perd de sa splendeur. Les trafiquants de drogue et les prostituées se disputent le trottoir, à côté des cartons où ont élu domicile les sans-abri. Et le soir, ces maisons précaires s'envolent, emportées par le vent, la pluie et le froid pour atterrir entre les jambes des touristes. Les plus pauvres et les plus riches se crachent constamment à la figure. Le clochard incommode l'homme aisé qui se détourne, apathique. Contradictions et contrastes sont monnaie courante aux Etats-Unis, mais moi, ça me choque profondément. New York, the *Big Apple,* va pourrissant.

Mes tournées au Japon et à Hong Kong m'ont laissé une impression un peu bizarre. Le public est très réservé et très discipliné là-bas — surtout au Japon. La salle étant obscure, je crois chanter dans le vide : pas un bruit, pas un toussotement ne signale la présence d'êtres vivants. Ce n'est qu'à la fin, au moment des applaudissements, que le contact s'établit. J'apprécie la politesse, disons l'élégance soumise et distante de ce peuple ; pourtant, parfois, j'ai envie de crier : «Décontractez-vous, messieurs dames !» Mais... j'aime les sushis. Je chanterais *Les Sept Péchés capitaux* dans n'importe quel ordre pour déguster ces morceaux de poisson crus et tendres ou ces cubes de légumes enveloppés dans du goémon aromatisé et servis avec du riz gluant. S'il le fallait, pour que ce soit plus japonais, je les chanterais même en commençant par la fin. La soupe *miso* du petit déjeuner, un sushi servi midi et soir, avec un peu de *tempura*... Voilà pour le Japon.

En 1993, j'ai enfin effectué ma première tournée en Australie. Pour des raisons de santé, j'avais dû annuler deux fois mes spectacles sur le cinquième continent. J'ai donc été particulièrement heureuse de découvrir ce pays. J'ai participé au festival de théâtre de Melbourne, joué à Adélaïde et au célèbre Opéra de Sydney. Dans ce gigantesque hall philharmonique penché sur la mer telle une huître ouverte, l'acoustique est surprenante. J'y ai donné l'un de mes plus beaux concerts. Toutefois, ce voyage de travail ne m'a pas encore permis de comprendre ce gigantesque pays. Pour l'instant, je le trouve décontracté et sympathique. Bien évidemment, nous avons vu des kangourous au zoo.

Le vol, via Bangkok, avait duré plus de vingt heures. C'était à la limite du supportable, mon envie de voir les kangourous avait déjà beaucoup diminué. En fait, j'adore les long-courriers. «Au-dessus des

nuages*»..., il n'y a pas de stress, pas de limites
(merci, Reinhard). Arrivée à Adélaïde, j'avais gonflé comme un ballon. Mes pieds ne rentraient plus
dans mes chaussures de Cendrillon. Mes yeux ressemblaient à deux prunes et mes doigts à dix saucisses. Mon nez, plutôt rougeâtre, rappelait celui
d'une ivrogne. Gênée, me cachant avec mon
écharpe, je suis descendue de l'avion. Ils étaient tous
là, bien alignés : les responsables de la promotion,
les représentants des salles de concert, l'attachée de
presse, le premier assistant, le deuxième assistant, le
chauffeur... Oui, je suis U. L. *Let's go to the hotel!*
Right away!

Entre-temps, mon envie de vomir matinale
m'avait reprise alors qu'il était déjà tard dans
l'après-midi. Enceinte de deux mois, j'ai dû renon-
cer aux œufs d'autruche et aux cuisses de kangou-
rou sautées, l'odeur suffisant à m'écœurer. Un peu
plus tard, j'ai vu une merveille sur l'écran d'un
appareil à ultrasons australien. Un petit cœur d'em-
bryon qui battait à un rythme effréné. Cet amas de
cellules de sept semaines palpitait en croches.

Mes concerts en Israël restent également inou-
bliables. En 1991, j'ai été invitée par le festival de
théâtre de Jérusalem. Pour moi, jeune Allemande,
c'était particulièrement fascinant de venir présenter
la musique d'un artiste juif génial chassé d'Allemagne par les nazis dans un pays fondé par ceux

---

* Titre d'une chanson allemande de l'auteur-compositeur
Reinhard Mey (*N.d.T.*).

que mes ancêtres avaient contraints à l'exil et par les survivants d'Auschwitz, de Sobibor de Bergen Belsen et autres camps d'extermination. Cela m'a d'abord fait peur. Mais, plus tard, cette peur s'est révélée sans fondement. La plupart des Israéliens comprenaient bien l'allemand, beaucoup connaissaient les textes de Weill par cœur, ils étaient cultivés et tolérants, et ils ont pris un grand plaisir à mes concerts. La télévision israélienne en a enregistré un et l'a diffusé peu de temps après sur une des trois chaînes dans son intégralité, soit environ deux heures.

Après le travail, il me restait suffisamment de temps pour visiter le pays et Jérusalem. Yaël, une fille de vingt-quatre ans qui avait participé à l'organisation de la tournée, m'a accompagnée. Elle venait de terminer son service militaire et faisait partie de cette génération progressiste qui espérait un tournant vers la paix et une ouverture de la part du gouvernement. «Sans concertation avec les Palestiniens et les Arabes, la situation au Proche-Orient ne se calmera jamais», disait-elle. A l'époque, elle ne savait pas qu'une telle concertation serait bientôt à l'ordre du jour de la diplomatie.

J'ai aimé ce pays. La sécheresse et le désert m'ont étonnée. Aux portes de Jérusalem se dressait une ville de caravanes qui accueillait les Falachas, juifs immigrés d'Ethiopie. «Des juifs de seconde catégorie», disait Yaël. Nous avons visité les kibboutz. Il était clair que ce type de société ne pouvait fonctionner qu'à l'intérieur de limites bien définies. Sous cette forme réduite, le socialisme était certainement idéal, mais même là, il y avait des menaces. Les jeunes voulaient partir, aller dans les grandes villes et voir le monde. Ces petits univers clos étaient donc, eux aussi, menacés d'éclatement. Nous nous sommes baignées dans la mer Morte et nous avons assisté, solitaires, au lever du jour. Le silence faisait peur. A cause de la forte concentration de sel, il n'y a quasiment pas d'animaux. Subitement, j'ai cru entendre le mouvement du soleil.

Sur le trajet du retour via Tel-Aviv, nous avons vu partout des jeunes armés de mitraillettes. C'était un spectacle apparemment normal et quotidien. Les amoureux s'asseyaient au bord de la mer et s'embrassaient dans le soleil couchant, une arme en bandoulière dans le dos. La menace semblait tellement omniprésente que les gens s'y étaient habitués. La guerre était à l'affût. Personne n'avait véritablement peur, mais chacun voulait défendre le pays, même au prix de sa vie. Ça aussi, je l'ai entendu de la bouche de cette jeune femme pleine d'espoir qui m'accompagnait. Israël a un charme particulier. Plus qu'un pays ou une patrie, pour ses habitants c'est une terre sacrée. Pour Yaël, Israël était sa maison, libre mais en reconstruction, qui aurait un jour un caractère plus international quant à la culture et à l'éducation. Elle espérait aussi que les contraintes imposées par les orthodoxes s'allégeraient, que le choix de la religion serait libre, que les gens seraient délivrés de la peur et ne se sentiraient plus constamment menacés.

En automne 1994, je suis retournée en Israël. J'ai donné une série de concerts avec l'Israel Philharmonic Orchestra, dirigé par Zubin Mehta. Le spectacle alternait la musique de Weill et d'autres chansons. Faire de la musique avec Zubin Mehta, chef d'orchestre plein d'humour et de dynamisme, m'a fait très plaisir. Après la poignée de main historique entre Rabin et Arafat, Israël se trouvait engagé dans des négociations de paix compliquées et controversées. Pendant les quinze jours que j'ai passés à Tel-Aviv, un membre du Hamas a tué dans la rue une jeune fille juive et un Arabe et en a blessé plusieurs autres. Par ailleurs, un soldat israélien a été enlevé puis tué lors de l'action entreprise pour sa libération ; les ravisseurs, ainsi que quelques libérateurs, ont également trouvé la mort au cours de l'opération. Un fanatique du Hamas a fait sauter un bus entier à Tel-Aviv. Les extrémistes musulmans se battaient. Les extrémistes sionistes se battaient. Et les victimes étaient toujours innocentes.

La situation était plus dangereuse que lors de ma première visite, trois années auparavant, peu de temps après la guerre du Golfe. Le processus de paix avait créé un climat de menace incontrôlée qui ne trouvait pas seulement ses origines dans la haine ancienne.

En me promenant dans Jérusalem, j'ai été étonnée de constater la diversité architecturale et culturelle des quartiers. L'église qui jouxte la mosquée, le minaret aux abords du Mur des Lamentations. Les chrétiens, les Arméniens, les musulmans, les juifs orthodoxes, les juifs ultra-orthodoxes, les libéraux, ceux qui croient que le messie est déjà arrivé, ceux qui l'attendent encore, ceux qui sont athées mais se sentent de culture juive... Aucun de ces groupes ne souhaite avoir de contacts avec l'autre. Tous n'acceptent et ne reconnaissent que leurs propres politique et religion. Comme il doit être difficile pour le gouvernement de contrôler tous ces courants contradictoires et cette intolérance !

10

Camarades de classe

Non apprivoisée et indécise, j'erre encore dans la vie. Mes camarades de classe se sont toutes rangées. Un mari, des enfants, des beaux-parents, des nièces, des neveux, des cousins, des problèmes de santé, une maison, un quotidien bien rythmé, un village ou une ville dont elles font partie, un voisinage à l'écoute, un numéro de téléphone et un tampon adresse qui ne changent jamais, une chanson préférée, peut-être un souvenir de jeunesse ou quelque autre source de mélancolie bien dosée, un jardin ou des pots de fleurs sur le balcon, une prière, une tâche pour chaque moment de la journée, des recettes de cuisine, une vie bien réglée. Elles ont soigneusement tissé les fils. C'est le manteau qui les réchauffe, ou le lit qu'elles ont fait pour s'y coucher.

Moi, en revanche, j'ai toujours le sentiment de coucher sur un lit de camp, bien que je puisse m'offrir un gentil lit à baldaquin. Pourquoi, mon Dieu, cette vie sédentaire ne me tente-t-elle pas ? Pourquoi ne puis-je trouver le repos, le sommeil, inconstante et sans patrie, ma seule maison étant mon âme ?

Pourquoi vouloir enfoncer les murs, alors qu'il y a des portes ouvertes?

Pourquoi suis-je insupportable avec les gentils et aimable avec les agresseurs. Caressant le vide, j'en fais mon nid. Mais il est incertain.

«Sur une mince couche de glace, il ne faut pas trop t'attarder», dit le vieux Willi. Le temps passe. Et si la couche de glace n'était pas si mince?

J'ose une pirouette.

11

Perspectives

Les montagnes, pointes bizarres qui transpercent le ciel, me passent au-dessus de la tête. Au festival de jazz de Montreux, je peux respirer profondément. J'y présente mon spectacle de chansons *Illusions*, ainsi qu'un concert que Michel Legrand dirige et pour lequel il a fait les arrangements pour cuivres. La musique nous entoure autant que les Alpes suisses, mais différemment. Impressionnantes, elles paraissent très vieilles, bien plus lentes et engourdies que le jazz. Sur les crêtes, on écouterait plus volontiers des chorales de gospel. Les chamois agiles sautent comme des trompettes en sourdine, ou comme les mains rapides d'un pianiste qui courent d'une harmonie à l'autre. Non, les montagnes sont muettes. Impitoyablement figées, elles observent tristement le temps qui passe. Mes souvenirs saluent d'un coup de chapeau ce relief immortel : durant les derniers mois — ou était-ce des années ? —, je n'ai connu que le panorama des grandes villes, le bruit, les fumées écœurantes, la hâte et la crasse, le béton gris sur gris, les vitrines en verre, les poubelles qui débordent, les fast-foods, les cinémas, le métro, les embouteillages, les publicités partout, le geyser de feu jailli de la gorge d'un dragon, les snobs et les clochards, les gens de pouvoir et les apatrides, les cris, les meurtres, la richesse, le gaspillage — grand réservoir d'une humanité sans repos, sans repères et sans honte. On y trouve des écoliers qui souffrent de dermatose chronique, qui ont perdu un bras ou une jambe dans la circulation. Je vois de jeunes enfants qui toussent comme s'ils avaient grandi sous des tunnels ou dans des parkings souterrains. Leurs mères, boursouflées à force de fardeaux, d'escaliers à monter, de résignation à leur rôle et de frustrations ravalées, courent dans tous les sens en suant tandis que d'autres exhibent leur peau et leurs jupes figées par l'oisiveté. Ornés de petites pierres précieuses, les doigts boudinés ou crochus essaient nerveusement d'agripper du sens, car, sur les mains, les taches de vieillesse risquent de dégénérer en frustration. Les machines à sourire garnies de couronnes grimacent entre des gencives dont la teinte a viré au bleu foncé et au grisâtre et rendent grinçante la gentillesse, même lorsqu'elle est sincère.

Moi aussi, je me regarde le matin dans la glace de la salle de bains de l'hôtel. « Qui es-tu ? », et je découvre, dans la lumière blanche des néons, les sillons et points d'interrogation de l'âge. Néanmoins, ces regards dans la glace sont de plus en plus rares. Comme si je ne voulais pas suivre cette évolution. Bon, d'accord, en l'espace de six mois je dépense régulièrement quelques centaines de marks pour des pommades miracles et autres espoirs. Je ne saurais dire ce qu'il en est de ces mélanges magiques de graisse et d'eau. Les zygomatiques restent. Si je m'adresse une grimace effrontée dans la glace, je peux admirer mes plombages d'alliage ou de porcelaine français, anglais, allemands, américains, italiens et autrichiens. Une bombe à retardement internationale! Je continue à vivre à mon rythme en espérant avoir encore de la chance avec ma santé pendant quelques années. Dans mes moments de sagesse, j'avale, comme il se doit, des vitamines, sinon je m'en tiens plutôt au verre de vin du soir.

Des milliers de fourmis avec des attachés-cases propagent une frénésie toute japonaise. On arrive à établir une certaine hiérarchie dans ce fourmillement en observant de plus près certains détails. Les talons usés révèlent les acheteurs, les vendeurs et les représentants, bref, ceux qui fonctionnent parce qu'il le faut. Ensuite viennent les BCBG aux chaussures soignées et lustrées, qui ont remarqué qu'avec une bonne cire brillante et des manières polies, on fait une belle carrière. Les porteurs de Kélian et de Frisson n'ont plus besoin d'astiquer. La pointe de leurs chaussures évoque souveraineté et élégance. Un geste suffit pour faire disparaître tout désagrément. Cette espèce se balance et se vautre dans les fauteuils des étages directoriaux.

Oh, cette grande ville fanfaronne que j'adore et déteste! Ici, plus rien ne va nulle part. Il y a déjà des décennies, Brecht disait :

«Au-dessous d'eux, il y a le caniveau.
En eux, il n'y a rien,
Au-dessus d'eux, il y a de la fumée.

Nous étions à l'intérieur, nous n'avons profité de rien.
Nous dépérissions vite et ils dépérissent
aussi, lentement.

A New York, la décadence est certaine depuis
longtemps. Ce fromage pourri et rongé continue de
moisir en laissant échapper des gaz écœurants.
Vision malade du progrès coiffé d'une couronne
brillante. Dans ce grotesque bouillonnent la violence, la faim, la fièvre et la démagogie. La ville
arrache ses vêtements à grands gestes. Elle se
cambre et vomit chaque fois qu'une nouvelle façade
lui est imposée.

Quelle sera l'image de Berlin dans quelques
dizaines d'années ? Combien d'accouchements et de
mues pénibles, les humains — les nouveaux venus et
les anciens résidants — devront-ils encore supporter
avant d'arriver à un état où tout sera transformé en
cette sauce diabolique qu'est notre civilisation ?

Ceux qui le comprennent s'éclipsent à temps. Ceux
qui le conçoivent vivront dans des quartiers protégés
car surveillés. Les images de la misère leur seront
épargnées. Mais ceux qui s'entasseront dans l'abcès
purulent de la ville perdront leur dignité. Les normes
de la beauté auront encore changé, les perspectives,
les contacts et les libertés seront encore réduits.

La liberté de pouvoir partir ? Peu de temps après
la chute du Mur, les Allemands de l'Est ont appris
que la liberté occidentale n'est rien d'autre qu'une
marchandise exposée sur le rayon du supermarché
qu'est notre société de consommation. Elle existe,
mais seulement à condition de pouvoir l'acheter.

12

L'union monétaire :
récit unilatéral

2 juillet 1990 : la journée des yeux écarquillés. La folie du deutsche mark. A Berlin-Est, je travaillais au dernier spectacle qui devait se donner au Palais de la République, lieu chargé d'histoire mais pollué par l'amiante. Nous en étions aux dernières répétitions. La machinerie somptueuse de la salle devait être mise en valeur dans tous ses registres lors d'une ultime démonstration. Personne ne pouvait se plaindre d'un manque de place ou de professionnalisme. Quarante danseurs et cinquante musiciens se donnaient de grands airs. Seule la régie était désagréablement obsolète, triviale et sans âme. Le responsable siégeait à son pupitre comme un fonctionnaire du Parti et prenait plaisir à donner des ordres. Tout empestait les années 70 et traînait comme un programme télévisé de mauvais goût.

J'avais décidé de participer à ce projet, car j'avais envie de travailler avec des chorégraphes et danseurs de l'Allemagne de l'Est. Le 2 juillet 1990, je me suis donc rendue, comme d'habitude, au «Palazzo Prozzo», comme disaient les Berlinois de l'Est tant par affection que par médisance. A l'heure de la répétition, je suis passée, comme tous les jours, par l'entrée de service. Comme tous les matins, j'ai montré mon laissez-passer que je n'ai trouvé qu'au bout de quelques minutes car, comme toujours, il avait glissé au fond du bordel de mon sac. J'ai supporté, imperturbable, le regard méchant des contrôleurs. Ils adoraient me chicaner. Ils savaient très bien qui j'étais et ce que je faisais là mais ils voulaient ainsi souligner leur importance.

Je suis allée directement à la cantine boire un café. Normalement, tout le monde s'y retrouvait le matin pour bavarder. Ce jour-là, il n'y avait personne. J'ai posé les 50 pfennig du café sur le comptoir derrière lequel les serveuses restaient plantées à ne rien faire.

« C'est pas assez ! s'est exclamée l'une d'elles. A partir d'aujourd'hui, ça coûte 2 marks. »

Ah, c'est donc ça ! ai-je pensé en mettant les 2 marks sur la table. Il faudra donc que j'invite les autres, s'ils n'ont pas d'argent de l'Ouest.

Mais il n'y avait personne à qui j'aurais pu payer le café.

A midi, le même vide total. La soupe aux petits pois mijotait sur le feu et personne pour en demander. J'ai trouvé fâcheux de troubler le silence. De quel droit étais-je la seule à dépenser tant d'argent, ne serait-ce que 5 marks, pour une soupe qui coûtait 50 pfennig auparavant ? Les cinq serveuses étaient désespérées. Je leur ai dit stupidement :

« Mais vendez tout ça moins cher, comme avant ! Tout simplement ! »

— Impossible, a répondu l'une d'elles. Nous avons des ordres. Les nouveaux prix sont maintenant imposés par la loi. »

Elles me regardaient, furieuses, impuissantes et désespérées. Chacune d'elles savait ce que signifient l'absence de clientèle et un personnel trop nombreux. Les artistes mangeaient dans leurs loges, des pommes ou des sandwiches qu'ils avaient apportés de la maison. La cantine est restée vide. Au bout de quelques jours, elle a fermé. Les femmes se sont retrouvées au chômage.

Le soir, après la représentation, nous ne sortions presque plus comme avant pour dîner. Les visages, y compris ceux des contrôleurs, étaient devenus inexpressifs. Le souci qu'ils se faisaient pour l'avenir de leurs familles creusait leurs rides. Pour beaucoup d'Allemands de l'Est, le monde a commencé à s'écrouler quand, du jour au lendemain, le marché est-allemand a cessé d'exister. Jusque-là, les produits exportés étaient échangés contre des matières premières. Maintenant Polonais, Russes, Tchèques et autres devraient payer avec des devises qu'ils n'avaient pas. Et le marché intérieur, où quatre cinquièmes des marchandises produites en RDA étaient vendues, s'écroulait lui aussi. L'argent de l'Ouest apportait les produits de l'Ouest. La RDA est devenue un magasin à devises tel qu'il en existait auparavant. Les chaînes de magasins Konsum et HO restaient avec leurs fonds de tiroir. Tous les jours, des gens perdaient leur emploi parce que la marchandise qu'ils produisaient ne se vendait plus. Les produits alimentaires fabriqués à l'Est n'étaient pas pris en compte par les réseaux de distribution alimentaire de l'Ouest et ne parvenaient donc pas jusqu'aux magasins.

L'union monétaire : récit unilatéral

Les salaires de ceux qui avaient encore un emploi avaient été si impitoyablement baissés qu'ils se demandaient de quoi ils allaient vivre. La nouvelle liberté acquise avec la chute du Mur semblait insipide. Beaucoup s'apprêtaient à quitter leur appartement devenu trop cher et à chercher un logement plus petit. Les hommes d'affaires, qui avaient relevé le défi et pensaient impressionner la concurrence en travaillant nuit et jour, ont vite compris la leçon. Endettés jusqu'au cou, beaucoup ont renoncé, humiliés et détruits. D'autres se sont tout simplement laissés mourir. Ils se suicidaient parce qu'ils ne voulaient pas vivre ça, ou bien à cause des repères perdus ou des dettes accumulées auxquelles ils se trouvaient soudain confrontés.

Beaucoup de gens à l'Ouest — je dirais la plupart — ne se doutaient pas de ces événements indignes. Pendant l'été, j'ai cherché dans la presse ouest-allemande des informations sur ce sujet. En vain. J'ai lu des commentaires pantouflards mitonnés à Francfort, des articles sur l'esprit du temps dans un journal de Hambourg, mais rien à voir avec la réalité allemande et ses points névralgiques. L'art aussi n'a fait que courir après le présent et les hommes. Jusqu'à aujourd'hui, il ne s'est pas remis de son hoquet nerveux.

Ce n'est que plus tard que j'ai lu, par-ci par-là, des descriptions timides des conséquences de l'union monétaire. Entre-temps, la droite avait remporté les élections parlementaires, et l'équipe de football, les championnats du monde. Des clameurs couvraient les gémissements.

13

Une question sans réponse

Visite du musée de l'holocauste à Washington. Un voyage de quatre heures au pays de la pire engeance de l'humanité, celle qui a mené la solution finale jusqu'au bout. Des témoignages et des documents incroyables sur le génocide. Racontés par des voix, illustrés par des images : les expériences médicales sur les enfants, les femmes et les hommes, les camps de concentration, les ghettos, les humains que l'on transporte comme du bétail. Tortures. Incinérations. Fosses communes. Etoiles jaunes. Marques pour les tziganes, les homosexuels, les persécutés politiques. Marque pour celui qui a trahi son pays. Pour celui qui n'était pas aryen. Et encore des étoiles jaunes... Des témoignages terribles sur l'holocauste qui se gravent et qui restent dans la conscience de chaque visiteur. Qui creusent des cratères dans l'âme.

Deux jours plus tard : vol Montréal-Berlin. A côté de moi, un VIP allemand aux cheveux gris. Il m'oblige à faire la conversation. Il pense que ceux qui travaillent en public sont une chose publique. Je dois donc m'entretenir avec lui en avion. Je capitule après une avalanche de mots.

« De quoi voulez-vous parler ? Evitez, s'il vous plaît, le show-business. »

J'évoque ma visite du musée de l'holocauste. J'en frissonne encore.

« Que les Américains se réjouissent, répond l'homme. Tous les juifs immigrés ont enrichi leur culture. Nous, les Allemands, nous ne sommes pas seulement négatifs. Oui, oui, il est pas mal, ce musée sur l'holocauste, mais enfin, il faut aussi oublier un jour. A l'étranger, on nous le reproche toujours, à nous, les Allemands. Ce musée ne fait que contribuer à renforcer les préjugés à notre égard. »

Pourquoi n'y a-t-il toujours pas, cinquante ans après Auschwitz, un musée sur l'holocauste au pays des coupables ?

14

Hymne national

Avant et après la réunification, j'ai passé beaucoup de temps à Berlin. La question allemande ne
cesse de me préoccuper. Depuis la chute du Mur, à
l'étranger, dans les interviews, on m'interroge souvent sur les événements. Les questions sur les néo-
nazis, la xénophobie et la politique de réunification
n'arrêtent jamais. Elles reflètent nombre de préjugés et de généralisations. La condamnation des Allemands, de leur passé et de leur présent, m'énerve
car elle témoigne d'une terrible légèreté. Je ne tiens
pas particulièrement à défendre l'Allemagne car je
n'éprouve pas une grande fierté nationale, mais les
contradictions des jugements globaux restent une
énigme pour moi.

Chaque fois que j'entends l'hymne national allemand, que ce soit lors des compétitions sportives, à
la fin du programme télévisé ou ailleurs, mes
épaules se crispent. La musique est belle, plus
agréable que celle d'autres hymnes nationaux, mais
je ne veux pas l'entendre. Et cela n'a rien à voir avec
mes expériences théâtrales en Allemagne. Cela vient
d'un sentiment bien plus ancien, d'un point d'in-

terrogation concernant mes origines, chevillé en moi depuis longtemps. Il est plus facile de ranger ces idées dans un remue-méninges.

Prisonnière du temps, l'histoire en verre
brisée en morceaux
destins d'émigrants
ni oubliés ni cicatrisés
des yeux sceptiques, rideaux du souvenir
impacts de balles au cerveau
des plantes de la nuit
des lianes d'hier
vers aujourd'hui
vers demain
le poids de la culpabilité
des questions d'enfants
stupéfaction
des questions de vieux
muettes
évitées
contournées
des constructions de silence pleines de croûtes —
stop
des privations d'amour — stop
la porte de la salle de classe fermée — stop
pas d'étiquettes — stop
pas de cours
pas de deuil
pas de mur des lamentations — stop
les limites religieuses de la honte — stop
le blocage des mots
devant les slogans nazis
les dons pour le tiers-monde

deux fois par an
tamponnés sur le compte de la bonté distinguée
les enfants du Biafra comme alibi
des testaments suintent sous les assiettes à soupe
— stop
continuer
ceux encouragés par la fuite
les non-croyants
hier
aujourd'hui
réclament des solutions finales
des silos d'yeux discrets
l'indifférence cachée et inquiétante
des solutions finales
des cycles
la somme des oublis
fait l'histoire
des jeux d'enfants, des actes d'adultes
des actes d'enfants, des jeux d'adultes
arbitres
des jurés conjurés
des étrangers comme abcès
expulsés sans procès
des démangeaisons
coupées du corps de la nation
du foot et du confort
ceux qui applaudissent
des extractions de tissus
tests d'odeur et de couleur de peau
mesurer
les foyers d'inflammation
appuyer sur le bouton
après les intermèdes

enfin à nouveau sur le champ de l'histoire
mondiale
des promesses brûlantes
saluer en levant le bras
comme des rampes de lancement de la maîtrise
des leviers comme sages-femmes
des engeances
des hymnes chantés par des gueules à bière
bouffies, le visage plein de boutons
des éjaculations de dents de lait
des conseils sous forme de cris d'accouchée
on se presse
là-bas au bord de l'assiette
Talleyrand
fautes de frappe
les idées entreposées dans la cave
on les expose à la lumière
les héméralopes sont roulés
de la nuit sort
le jour
qui veille à
l'expiation et l'après-guerre
on fait semblant d'être perplexe.
L'Allemagne
précipitée au monde.

15

Béjart,
Bush et autres diables

Lorsque, au début de l'année 1991, à l'initiative de George Bush les Etats-Unis et leurs alliés partirent en guerre contre l'Irak sous le drapeau de l'ONU, je travaillais au Palais des Congrès, à Paris, pour trois semaines. Maurice Béjart avait créé pour moi le ballet *La Mort subite*. C'est l'histoire d'une femme qui personnifie la mort en sept tableaux. Béjart, le sexagénaire, avait mis en scène, en s'occupant aussi bien de la musique et de la chorégraphie que des textes, sept images reliées les unes aux autres comme un collage : Gretchen, Lulu, Penthésilée, Salomé, mère Courage, mère Marie et la diva. Elles dialoguaient toutes avec la mort. Béjart utilisait la musique de Richard Wagner, Richard Strauss, Kurt Weill, Alban Berg, Claude Debussy, Franz Schubert et autres compositeurs.

Maurice Béjart aime la tragédie profonde, la dialectique de l'être, la mise en évidence de l'impossibilité du bonheur humain, de l'insatiabilité du désir, de son destin insaisissable et de ses instincts diaboliques. Friedrich Nietzsche, *Faust* de Goethe et les *Kinder totenlieder* de Mahler menaient leur ballet

104

macabre avec les créations mentales de Béjart. Des armées de danseurs narcissiques dansaient ici avec leur orgueil et leur jeunesse : violents, méchants. Aux yeux de Béjart, ils racontaient l'histoire culturelle de l'Allemagne. Ils dénonçaient la mégalomanie, le fascisme, le *Sturm und Drang*.

Béjart pousse sa passion de la parole et de l'acte jusqu'au bout. Il adore parler allemand, mais il ne maîtrise que partiellement cette langue. Il avait donc recours aux citations de *Faust*, et encore de *Faust* et toujours de *Faust*.

Pour Béjart, littérature et poésie sont corporelles, dynamiques et statiques. Les soixante danseurs adoptaient une attitude, celle du vainqueur. Il n'y a pas d'homme ou de femme en dessous de la moyenne dans sa compagnie. De jeunes dieux et déesses s'y sont donné rendez-vous. A les regarder, j'étais impressionnée et, en même temps, je me suis sentie très humble. Devais-je, avec ma voix et mon corps, être leur centre ? Mes complexes me faisaient rougir. Quelle horreur, j'allais mourir là, non pas sept fois, mais mille !

Nous répétions tous les jours à Lausanne. Béjart, juif converti au christianisme, puis au bouddhisme et, finalement, à l'islam, était lui-même un dieu. Avec sa concentration qui ne se relâchait jamais, sa créativité, sa spontanéité et ses idées claires, il dominait la salle de danse comme si elle était l'Olympe. Il gouvernait par la force et l'autorité de son esprit. L'armée, au garde-à-vous, écoutait humblement quand il parlait. Il avait un côté grand maître du bouddhisme. Il s'asseyait dans la salle, le dos droit, le cou tendu et les mains jointes sur les jambes. Sa position était à la fois un signe de méditation et d'attaque. Ses chorégraphies faisaient également penser à une lutte. A un moment précis du spectacle, je devais exécuter des mouvements de karaté sur une musique rythmique et répétitive de Bach. Cela demandait beaucoup de force dans les coups et une grande discipline dans l'exécution des mouvements.

Béjart, lui aussi, interprétait un personnage dans sa pièce. Un jour, il était le séducteur, l'ami, l'observateur, un autre, la victime. Il bégayait des bribes de mots, se courbait ou se tordait, ou bien restait sans rien faire, mais il emplissait toujours la scène de sa présence diabolique et nous faisait trembler. Avec ses sourcils froncés, ses cheveux noirs et son bouc, mais surtout à cause de ses yeux incroyablement perçants, à la fois sombres et éblouissants par leur bleu clair, il semblait être Lucifer personnifié. Derrière ce regard bouillonnaient l'apocalypse et la folie. Il réunissait en sa personne Méphisto et Faust, l'explosion primitive du mal et du divin.

Béjart travaillait sans cesse. Il vivait pour le travail. Je ne savais rien de sa vie en dehors du théâtre, mais ça n'avait pas d'importance. Le vécu devenait art par association et à travers le filtre de la concentration.

Nous avons joué *La Mort subite* trois semaines à Paris, au Palais des Congrès, une salle immense qui peut accueillir plus de quatre mille spectateurs. Les représentations ont eu lieu pendant la guerre du Golfe. Les Parisiens, touchés à plusieurs reprises par des attentats, avaient peur de sortir au théâtre ou au restaurant. Je n'ai jamais vu les bistrots et les res-

taurants aussi vides qu'à cette époque. La crainte
d'attentats à la bombe planait. Certains théâtres ont
fermé temporairement. Même les cinémas affi-
chaient une baisse incroyable de fréquentation.
Mais nous avons eu de la chance. Il y a eu du monde
à toutes les représentations.

Nous sommes allés à Recklinghausen, en Allemagne, pour la soirée d'ouverture du festival de la
Ruhr. Le spectacle me fatiguait énormément et
j'avais mal partout. Je n'avais pas été soumise à des
efforts corporels, presque acrobatiques, aussi extrêmes depuis longtemps. Le surmenage athlétique
rendait le chant particulièrement difficile. Pendant
dix à quinze minutes, je dansais des extraits de la
célèbre chorégraphie de Béjart sur la musique du
Boléro de Ravel; quelques secondes plus tard, je
chantais un morceau du finale de *Salomé* de Richard
Strauss; ensuite, je dansais une bagarre avec ma
partenaire, puis je fredonnais l'air de Geschwitz de
Lulu de Berg. C'était un gros morceau que j'avalais
volontiers. Je n'oublierai pas de sitôt ces moments
de sueur et de ferveur.

J'ai néanmoins décidé de faire un peu moins de
danse à l'avenir et de me consacrer davantage à l'art
dramatique et à la musique.

J'admire profondément Maurice Béjart et je m'in-
clinerai éternellement devant lui. Il a été pour moi
un véritable professeur et maître.

16

Michael Nyman

En entrant la première fois — c'était en 1990 — dans le bureau de Michael Nyman, j'ai eu un choc. Son bureau se trouvait sous le toit d'une vieille maison victorienne à l'ouest de Londres et il y régnait le plus grand désordre, mais avec style. Michael prétendait qu'il y avait aussi de la méthode. C'était apparemment vrai car il s'y retrouvait toujours à peu près.

Le piano à queue noir au milieu de la pièce émergeait d'une mer de blocs-notes blancs et de partitions, de fax découpés et autres trucs. Cet homme chaotique et égocentrique, génial et cynique, martelait des coups et attaques rythmés sur son Steinway. Sa musique était soit retentissante et tonnante, presque terrorisante, et répétitive avec des phrases d'instruments à cordes ou à vent, soit lente et langoureuse, frottant les accords entre eux comme un souffle dans les profondeurs de l'inaccessibilité.

Michael Nyman a d'abord fait des études de composition et d'histoire de la musique, il a ensuite travaillé comme journaliste dans ce domaine. Bien qu'étant lui-même sensible à toute critique sur sa propre musique, à l'époque où il était journaliste, il a farouchement attaqué les autres compositeurs. Ce travail ne semble pas l'avoir satisfait, sinon il ne l'aurait pas abandonné pour se mettre à composer. Il m'a expliqué un jour qu'il était le créateur de la notion de musique «minimaliste» caractérisant les œuvres de John Cage et Philip Glass.

Son œuvre musicale est devenue célèbre grâce aux films de Peter Greenaway, mais il déteste qu'on le considère uniquement comme un compositeur de musiques de film et il trouve cela injuste. Il connaît Greenaway depuis l'école. Une longue histoire les lie, une coopération extrêmement créatrice les inspire tous deux et a engendré beaucoup d'œuvres dans lesquelles la musique et le film sont complémentaires. La musique renforce le message du film par son caractère et son dynamisme.

J'ai fait la connaissance de Michael lors du tournage de *Prospero's Books*. J'ai été engagée à la demande de Nyman, qui connaissait mes concerts de Kurt Weill et mes disques. Le tournage a eu lieu à Amsterdam. J'interprétais la déesse Cérès, un rôle chanté. Je n'avais que quelques jours de tournage, mais j'étais ravie de faire la connaissance de Nyman et Greenaway, dont je suivais l'œuvre depuis des années. La musique était difficile et inhabituelle pour mon larynx et ma tête. Dans ses compositions, Michael utilisait des voix d'opéra expérimentées mais abstraites qu'il contraignait à sonner comme des voix de jeunes garçons. Je voulais interpréter et non styliser. Michael a accepté mon opposition et, pour la première fois, il a pris goût à l'écriture pour une voix de chanteuse de variétés, plus basse. Le plus difficile était de changer de rythme. Il fallait compter en chantant. La valeur de chaque mesure changeait. Les intervalles étaient difficile à trouver. J'ai mis un certain temps avant d'aimer cette musique, mais ensuite elle m'a ouvert de nouveaux horizons.

J'ai dû garder mon sérieux et déclamer des vers en les chantant au milieu d'au moins deux cents figurants — ils étaient tous nus et certains, de style hollandais, avaient des corps robustes, mais il y en avait également de très vieux, bizarres et grotesques, ainsi que de jolies fesses d'enfants. Les corps nus étaient peints. Les sexes, verts et rouges, brillaient. Moi, j'étais habillée, je portais une collerette d'au moins deux mètres de large qui me coupait le souffle. Au début, j'avais envie de vomir. La situation était tellement grotesque que je me croyais dans un film. Rien que ça, c'était fou, délirant et inoubliable. En règle générale, les tournages sont stupides et décevants. Il y a des groupes de cameramen, de régisseurs son et lumière, d'accessoiristes, d'habilleuses qui te regardent, et tu dois t'élever comme une grande, détachée de tout, dans les sphères du travail dramatique. C'est démoralisant. Mais chez Greenaway, j'étais au beau milieu d'un cauchemar.

Lui-même ressemble à un étudiant anglais studieux, avec son pull Lacoste et sa petite cravate. Il parle lentement et doucement avec les comédiens et donne une impression de sérieux. Vu son apparence, il est difficile de croire que cet homme a une imagination aussi tordue et perverse. Je suppose qu'il a refoulé en lui un enfer peuplé de serpents et de diables qu'il expose en plein jour dans ses films. Greenaway crée ses mises en scène comme un peintre. Il laisse tomber des décors entiers dans des pots de peinture. J'ai trouvé ça merveilleux dans *Le Cuisinier, le Voleur, la Femme et son amant.* Ses chorégraphies ressemblent à des danses de la fertilité. Et Lucifer est toujours en jeu. Une imagination intellectuelle produisant des excès vaudous.

Après cette première collaboration avec Michael, nous avons préparé un autre projet, en 1991, à l'occasion du 200ᵉ anniversaire de la mort de Mozart. La BBC avait envisagé de réaliser une série de films pour lesquels des compositeurs contemporains devaient travailler sur des musiques de Mozart. Nyman faisait voyager Mozart sur son lit de mort à travers le *Requiem, Les Noces de Figaro* et *La Flûte enchantée*; il le faisait dialoguer avec son père et son administrateur financier surmené; il était hanté par ses conversations avec sa femme et avec Beethoven. Ce Mozart moribond et fou, je devais l'interpréter. Il faisait des cauchemars où l'on perd toutes ses dents. Dans le studio, on avait construit une bouche gigantesque avec des dents, la langue et la gorge, dans laquelle j'errais en Mozart paniqué. Dans cette bouche immense, le petit Wolfgang avait l'air aussi minuscule que Gulliver et devait se défendre contre les attaques des dents. Chaque dent portait mon effigie en tant que Mozart, et je chantais en canon trente-deux fois avec moi-même. En tout cas, depuis que j'ai tourné ces scènes, je suis libérée de mes cauchemars sur les dents. La vision horrible de moi édentée n'est plus jamais réapparue dans mes phases de sommeil paradoxal.

Cet épisode m'a permis de mieux connaître la musique de Michael. Nous avons eu envie de poursuivre notre collaboration et de mettre en musique des textes de Paul Celan. Sa poésie me coupe le souffle. La douleur de la perte, l'holocauste, la folie de la persécution et le vide béant se retrouvent dans les échafaudages de mots, dans le mutisme de ce maître poète. Quand j'ai demandé à Michael d'écrire la musique la plus triste qu'il ait jamais créée, il a souri en hochant la tête de façon énigmatique.

Nous nous sommes beaucoup vus. De temps à autre, il me présentait des idées, testait sur moi des modes, appréciait les limites de ma voix et se libérait de sa tristesse et de son désespoir, en écrivant dans sa mansarde chaotique. Sa mère venait de mourir.

C'est ainsi que nous avons élaboré l'album *Songbook*. J'ai essayé une centaine d'interprétations différentes en étant intense tout en restant libre de mes émotions. Sous la voûte gigantesque de cette musique, il n'était pas facile d'être délicate et indépendante, d'opposer le rythme des paroles à celui des poussées de la musique. Maintenir l'équilibre demandait un effort et une maîtrise incroyables. J'étais fière du résultat et, pour moi, c'est une des plus belles et des plus importantes réussites de ma carrière.

Une tournée à travers l'Europe a suivi, elle était comme le couronnement de ce travail. Les concerts nous ont donné un plaisir sauvage. Les musiciens — ils étaient une vingtaine — jouaient avec enthousiasme. Il m'arrivait de rire d'eux, car ils avaient l'air d'une nuée d'insectes qui volaient, excités, nerveux et possédés. Je ne pensais plus à la technique et je m'abandonnais à la musique. Les mots et les sons, avec leurs orages et leur sécheresse, m'oppressaient. Je criais et gémissais, je chuchotais et me taisais. Cette tournée a été merveilleuse. Michael dirigeait, les manches ouvertes et ondoyantes. Parfois il se mettait au piano pour nous donner le ton d'une façon tonitruante qui nous enthousiasmait. Tous les regards brillaient sur scène. Nous étions complètement absorbés par la bataille. Volker Schlöndorff a filmé ces concerts. Son œuvre est sortie en vidéo chez Decca sous la forme d'un film musical.

Comme d'habitude, les critiques allemandes ont été assez mauvaises. Mais elles ont été élogieuses à Milan, à Rome, à Barcelone, à Londres, où nous nous étions produits au Royal Festival Hall, à Paris, où nous avons joué au Théâtre des Champs-Elysées, à Amsterdam et à Zurich. Nombreux sont ceux qui ont su apprécier la singularité et la part de risque de ce travail. C'était le plus important.

Depuis que j'ai quitté Londres, je ne vois plus que rarement Michael Nyman. Néanmoins, je pense retravailler avec lui.

17

Moscou

Durant l'été 1991, j'ai habité deux mois à Moscou. Le crépi de la façade socialiste s'était définitivement effrité. Les studios de la Mosfilm, centre et vitrine de l'industrie cinématographique russe depuis cinquante ans, étaient dans un état on ne peut plus lamentable. Ils ne réunissaient même pas les conditions techniques les plus élémentaires. Manquaient par-dessus tout l'impulsion, la ferveur, l'engagement personnel. L'administration avait brisé la créativité à force d'entêtement. Le sens des responsabilités s'était complètement perdu.

Nous travaillions sur une coproduction francorusse. Le film *Moscou Parade* était financé par une Société privée russe, qui avait versé aux studios de la Mosfilm, entreprise d'Etat, le double du coût habituel d'un tel film. Mais, même ainsi, la production revenait moins cher que si elle avait été réalisée dans des studios occidentaux avec des fonds occidentaux. Les cachets des acteurs, du réalisateur, des cameramen et des techniciens étaient pris en charge par les Français.

J'habitais dans un des vieux quartiers plutôt agréables de Moscou un appartement assez confortable pour la Russie. Ce logis me rappelait les années où j'étais étudiante à Vienne et le pied-à-terre délabré où j'avais vécu dans des conditions très modestes. Je préférais ce Moscou réaliste aux hôtels de style occidental qui, en échange de fortes devises, n'ouvrent les portes du paradis du bien-être qu'à quelques élus. J'étais effrayée par les brasseurs d'argent autochtones et les prostituées rencontrées dans les bars et les halls des hôtels, qui me paraissaient plus monstrueux que les arrière-cours pourries des bas-fonds moscovites. Celles-ci au moins étaient honnêtes. Néanmoins, tous les deux jours, je me rendais à contrecœur dans ces hôtels somptueux, qui semblaient extra-terrestres, pour reprendre contact par téléphone avec la vie que j'avais laissée en Europe de l'Ouest.

Le tournage avançait lentement. Au bout de deux ou trois nuits de travail, l'équipe russe était fatiguée. Elle manquait d'enthousiasme, pas un regard ne s'est illuminé pendant ce tournage. Qui aurait eu envie de se dépenser pour une rémunération si faible? Au lieu de l'utiliser pour motiver ses employés, la Mosfilm avait alimenté les caisses de l'Etat avec la somme importante versée pour la production.

Gênée, la maquilleuse essayait de cacher qu'elle n'avait quasiment pas de produits de beauté. Ces immenses salles de maquillage — jadis montrées en exemple à tous les pays de l'Est — étaient sales et vides. Curieuse, Olga a regardé les cosmétiques que les Français avaient fini par fournir. Elle s'est pourtant offensée chaque fois que je lui ai proposé le moindre changement. Elle résumait le déclin de son lieu de travail — s'y résignant, tout en l'excusant — par un seul mot : perestroïka. D'ailleurs elle ne prononçait pas ce mot, elle le crachait. « Depuis cinq ans, tout va de mal en pis, disait-elle. Avant, il y avait des marchandises, de meilleurs salaires, de la discipline, de la volonté et on avait même plaisir à travailler. Mais aujourd'hui, tout est sans espoir. D'accord, les conceptions socialistes étaient une grande erreur. D'accord, on était obligés de vivre dans beaucoup de mensonges. D'accord, on ne pouvait pas dire ce que l'on pensait, mais, au moins, on avait la fierté. » Elle se rengorgeait : « Que les hommes politiques aient pris le peuple pour plus bête qu'il n'était, ça nous était égal. Mais maintenant que nous sommes convaincus de n'être plus qu'un pays en voie de développement, il ne nous reste que la honte et la douleur, et à baisser la tête à cause de la fierté perdue. » Elle se renfermait à nouveau, continuant son maquillage. Peu de temps après, Olga éclatait d'un rire sarcastique : « On a toujours essayé de faire croire au peuple que le socialisme était aussi vivant que les idées de Lénine. Le cadavre du mausolée sur la place Rouge, prétendument authentique, devait nous faire peur. Or, ce n'était qu'une poupée de caoutchouc, toute ratatinée et gênante, une restauration du ridicule... »

Le réalisateur, Ivan Dikhovichni, et le chef opérateur, Vadim Youssof, deux des artistes les plus talentueux et les plus progressistes d'Union soviétique, avaient l'habitude de la vie à l'Ouest et, comme nous les Français — pardon : moi, je suis allemande —, ils hochaient la tête tous les matins, se résignant souriant devant le manque de motivation dans le travail. Les films antérieurs d'Ivan, en ces lieux, avaient été boycottés plusieurs fois par les équipes de tournage et retirés de la distribution. En Europe, c'est-à-dire en Europe de l'Ouest, son film *Le Moine noir*, d'après une nouvelle de Tchekhov, a obtenu plusieurs prix. En Union soviétique, il n'a pas été diffusé avant 1991. Ivan était pris entre deux fronts. Il balançait entre son attachement à la patrie moscovite, la misère et l'oppression qui avaient forgé son caractère sombre, introverti et cynique, et son envie d'en finir définitivement avec la Russie. L'émigration revenait souvent dans nos discussions.

En juillet, le soleil se couche à 23 heures derrière les constructions prestigieuses et les bizarres cages à lapins. Les rues se vidaient, les voitures se comptaient sur les doigts d'une main. Devant ma porte, dans la cage d'escalier qui sentait si mauvais, rôdaient des chats. Ils me suivaient jusque dans mon appartement. L'air gourmand ils observaient les deux souris qui s'étaient installées dans un coin de la cuisine de ma résidence-taudis. La nuit, des cauchemars me torturaient, les rongeurs couraient sur mon visage. Quelques heures d'obscurité seulement. A quatre heures du matin, un soleil luisant perçait à nouveau la somnolence nocturne.

Dès la première semaine de mon séjour, l'eau chaude a été coupée dans tout le quartier. Sans que cette nouvelle soit annoncée ou commentée. Même dans les hôtels de luxe comme le Savoy ou le Metropol, plus une seule goutte d'eau chaude ne coulait des robinets.

Tous les jours, j'écoutais la seule station de radio à peu près audible, Radio Moscou, qui diffusait en langue anglaise. Cette radio américano-russe était si opportuniste et prêchait un optimisme tellement trivial que, souvent, je me fâchais et la coupais. «*Enormous potential, great talents, in a four years, a lot of business, better than last year, no concrete plans by that time, but a lot of great ideas...*»

En écoutant les gens dans la rue et en observant leurs visages marqués par le désespoir, on se rendait compte que la bonne opinion de l'étranger sur les supposées performances de Gorbatchev n'avait rien à voir avec les jugements du peuple. Beaucoup de Russes le détestaient, lui et sa politique. On le prenait pour un hâbleur. On ne comprenait absolument pas pourquoi on l'encensait à l'étranger.

Furieux, Gabriel, le chauffeur de la production, crachait sur le volant : «Gorbatchev ne fait rien pour le peuple, uniquement des discours, pas un seul acte.» Gabriel était arménien et avait fait des études de médecine. Après six ans à l'université, il avait travaillé trois ans comme chirurgien dans un hôpital pour 120 roubles par mois. A la longue, ce salaire de misère était devenu insupportable pour sa fierté et son estomac. Il avait trouvé un poste de chauffeur et de coursier dans une des premières entreprises privées de Moscou. A présent, il gagnait vingt fois plus que lorsqu'il était chirurgien, mais, ne pouvant plus exercer sa passion et son talent, il fonçait, malheureux et agressif, dans les rues de Moscou. Menacé par la dépression, il se faisait arrêter par la police pour excès de vitesse presque chaque jour. Il glissait quelques dollars dans les mains des policiers corrompus et l'affaire était réglée. Même si Gabriel était avantagé financièrement, il restait exposé aux humiliations de la vie quotidienne : les longues queues devant les magasins partout où il y avait quelque chose à acheter. Il déprimait surtout devant la lenteur infinie de la bureaucratie, infiniment despotique et bornée. Il avait vingt-huit ans et en paraissait presque quarante. La fureur, l'impuissance et la résignation avaient laissé leurs stigmates sur son visage, il s'en excusait auprès de nous.

La dignité de l'homme était bafouée et la fierté réprimée en permanence. Face à la glorieuse façade soviétique, les gens avaient appris à ne plus regarder, ne plus écouter. On trouvait toujours des portraits et des bustes de Lénine partout, des photos des combats victorieux des soldats soviétiques et autres symboles du socialisme décoraient les murs. Depuis des années, rien n'avait été changé ou endommagé, aucune image enlevée, repeinte ou couverte de graffitis. Pas d'impétuosité juvénile, pas de provocation. Que se présente celui qui veut vivre et qu'il se taise !

Depuis quelques jours, une photo de Boris Eltsine était posée sur les tables de maquillage. Tous les membres russes de l'équipe de tournage avaient voté pour lui. Il incarnait les nouveaux espoirs. Tous attendaient des réformes : « S'il n'y a pas de Dieu, Eltsine doit nous sortir de ce marasme. » Ne voulant pas gâcher à nos collègues russes ces quelques instants d'espoir illusoire, je ne disais rien.

119

Non censuré

Après avoir passé deux mois à Moscou, j'ai pro-
longé mon séjour dans les pays de l'Est. Je suis restée deux mois à Varsovie pour le tournage du film
franco-polonais *Coupable d'innocence*. Devant les
collègues polonais, il ne fallait surtout pas utiliser les
mots russes que j'avais appris. Ils détestaient tout ce
qui était russe. Bien qu'ils comprennent la langue,
car elle avait été obligatoire à l'école, ils étaient
contents d'avoir banni de leur vie quotidienne l'influence des anciens dictateurs. La puissance qui
avait écrasé dans le sang leurs révoltes était mise au
rebut.

Nous tournions depuis une semaine lorsque s'est
produit le putsch à Moscou. Gorbatchev avait disparu et Eltsine parlait de révolution et de réforme.
Les chars circulaient. Les collègues polonais ont
paru subitement angoissés et inquiets. Que se pas-
serait-il si les purs et durs revenaient au pouvoir
dans les pays de l'Est? Tout s'est déroulé autrement. Les Polonais ont respiré, sans pour autant
oser l'avouer.

Je pensais aux photos d'Eltsine que l'on embras-
sait devant les miroirs, sur les tables de maquillage
dans les studios de Moscou.

Ute Lemper avec son père, sa mère et son petit frère.
(© Coll. privée / D. R)

En haut : la classe du baccalauréat au lycée de filles
Sankt-Mauritz, 1981, Handorf/Münster (Ute est la
troisième à partir de la droite en bas).
En bas : Ute, chanteuse du *Panama Drive Band*,
Münster, 1979.
Ci-contre : à l'âge de 16 ans. *(© Coll. privée / D. R)*

Devant la East Side Gallery à Berlin-Est.
(© Coll. privée / D. R)

Avec son fils Max.
Le bonheur à trois, avec Max et David.
(© Coll. privée / D. R)

Avec Maurice Béjart dans son stu-
dio de répétition pour le spectacle
La mort subite en janvier 1991.
(© J. Bourguet/ Sygma)

Ci-dessous :
Jérôme Savary et
Ute Lemper vedette
de *Cabaret*,
en février 1987.

Ci-contre : dans *L'Ange Bleu*,
à Berlin, en 1992.

18

Dégingandé, noir et juif

Il me suffit d'entendre son nom pour revoir le petit danseur noir et serein, qui dansait des claquettes de manière enfiévrée et s'amusait si bien de lui-même, un grand sourire « animal » sur le visage. On avait juste envie de lui répondre par un rire éclaté en milliers de petites rides. Son corps était incroyablement oblique et son nez, crochu et aplati par les coups. Il louchait d'un œil et son corps swinguait de diagonale en arabesque, les bras tendus des deux côtés comme des ailes. Il se mettait souvent de biais en dépit des lois de la gravitation, si bien que seul le pas en avant, longtemps retenu, de l'une de ses jambes en caoutchouc dénouait en musique l'ensemble ; dénouement qui s'accompagnait de claquettes en doubles croches pétillantes. Son corps reprenait aussitôt son vol dans un tourbillon syncopé. Il était tellement en oblique que j'ai dû changer d'optique pour comprendre son esthétique.

Sammy Davis Jr. était peut-être l'exemple le plus prestigieux et le plus populaire de la lutte contre le racisme aux Etats-Unis. Rebelle pendant soixante ans, il n'a jamais cessé ses pirouettes, protestant ainsi contre le rouleau compresseur de la discrimination raciale. Il a fait de son talent, de sa vocation, la seule arme authentique. Ainsi, le petit garçon noir originaire de Harlem et fou de danse est-il devenu une grande vedette de variété américaine, puis le symbole, au niveau social le plus élevé, du mouvement noir pour la liberté. Sa fréquentation de la Maison-Blanche, à l'époque des Kennedy et pendant l'ère républicaine des Nixon, comme son mariage avec une femme blanche lui ont valu des menaces de mort et des propos haineux. Surtout de la part de ses compatriotes noirs. « Si j'avais écouté ce que disait le monde entier, je serais cireur de chaussures à Harlem », a-t-il répondu laconiquement dans son autobiographie intitulée *Pourquoi moi ?*

Sammy Davis Jr. puisait en lui-même le talent et l'énergie d'écraser par la danse les barbelés des ghettos et des préjugés, jusqu'à avoir les pieds en sang, et ce, en dépit de sa vingt-cinquième fracture du nez, en dépit des pires humiliations et des offenses. Et il l'a fait dans un seul objectif : être aimé.

Son livre est sorti au printemps 1990 et je l'ai dévoré avec bonheur. Il m'a beaucoup apporté. Davis y décrit son obsession de l'amour. Avec une bonne dose d'ironie, il montre comment il a glissé dans le cliché de la star perdue dans le cercle vicieux de la gloire, des signes extérieurs d'un certain statut social, de la drogue, des névroses, de la solitude et de la cupidité. Dès l'âge de trois ans, il était danseur professionnel et traversait les Etats-Unis en compagnie de son père et de son oncle, sous le nom

de « *The Will Mastin Trio* ». Il vivait dans les hôtels
pour Noirs et se produisait uniquement dans les
bars qui leur étaient réservés. A dix-sept ans, pendant son service militaire, il s'est fait traiter de nègre
et tabasser par les soldats blancs quasiment chaque
jour. Mis au pilori et couvert de crachats, il distri-
buait les coups de poing, fou de rage, ce qui lui
valait hémorragies et autres maux.

La scène est finalement devenue sa seule arme
contre l'injustice de son destin. Là, il n'y avait pas
de distinction entre Noirs et Blancs, mais uniquement entre bons et mauvais. Et il savait être excellent : « Mon talent a ouvert une brèche dans les préjugés. » Sammy dansait. Bientôt, pour les Blancs
également. Mais on ne reconnaissait pas aux artistes
de variété noirs le droit d'avoir une personnalité. Ils
ne pouvaient passer que comme numéro d'ouverture. Il leur était interdit de s'adresser au public. Le
vocabulaire et la prononciation des Blancs définis-
saient un monde où les Noirs n'avaient pas le droit
de pénétrer. Il a donc trouvé refuge dans la parodie.

A vingt-trois ans, le succès s'est abattu sur
Sammy Davis Jr. A cette époque, Frank Sinatra, qui
s'était lié d'amitié avec lui, connaissait la première
crise de sa carrière. Davis Jr. se produisait dans des
clubs dont l'accès lui aurait été interdit à cause de
sa couleur s'il n'avait pas été une star. Pour cette
raison, ses frères noirs le haïssaient. Durant cette
période, il a constaté, pour la première fois, l'ab-
surdité du show-business et la simplicité des méca-
nismes du succès. Ce monde confond vérité et
mensonge, sincérité et corruption, amour et
consommation ; n'y existent pas les notions de fidé-

lité, de modération et de dignité. «Soit tu te caches derrière une apparence parfaite, soit tu te descends toi-même du ciel en montrant ta vulnérabilité, mais, dans ce cas, tu te livres aux tentacules du public.» Le show-business est l'univers des extrêmes. C'est pour cette raison qu'il est né aux Etats-Unis, pays des extrêmes. L'illusion de «Gatsby le Magnifique» exerce toujours sa fascination : tous les moyens sont bons au plongeur pour devenir millionnaire.

Sammy Davis Jr. ne s'est pas vendu. Il est devenu l'un des premiers protagonistes noirs du cinéma et de la télévision, et s'est engagé dans la campagne de Kennedy en tant que juif et en tant que Noir. Des groupes néo-nazis, avec leurs brassards à croix gammée, ont manifesté contre lui : «Retourne au Congo, nègre casher.» Il était aux côtés de Martin Luther King dans le mouvement pour les droits civiques dans le Mississippi conservateur et en Alabama. Après les assassinats de J.F.K., Martin Luther King et Bobby Kennedy, il a continué sa lutte aux côtés de Nixon. Il est même allé au Vietnam remonter le moral des soldats noirs victimes de discrimination.

Dans les années 80, un Jesse Jackson ne pouvait toujours pas devenir président. Aujourd'hui, le racisme est plus subtil. S'il a été désamorcé sur le plan législatif grâce à l'action du mouvement pour les droits civiques, cette réalité n'existe que dans le nord des Etats-Unis. Le Sud moralisateur s'embourbe dans le marasme de ses traditions et de son intolérance. Tant que le pouvoir et l'argent resteront entre les mains des Blancs, la discrimination sociale et économique perdureront. Qui veut partager? Quand un Michael Jackson, mégastar d'aujourd'hui, se frictionne avec des pommades blanchissantes et fait tout pour que son visage perde sa négritude, chirurgie esthétique à l'appui, il porte un nouveau coup de poing symbolique sur le nez déjà ravagé de Davis Jr.

Mais revenons à la vie de Sammy. Entre ses différents engagements politiques, il s'est régulièrement replongé dans la vie du spectacle. Sa femme et ses enfants l'ayant quitté dans les années 70, il courait comme un malade après l'amour et l'affirmation de sa propre valeur, entre le succès, la dépression et les casinos. «Si Dieu me prend mon talent, à nouveau je ne serai plus rien qu'un nègre.»

Finalement, il était à la merci de sa propre lâcheté qui le livrait aux Rolls Royce, à la cocaïne et à la vodka, ses excès engendrant des maladies de foie aussi bien que des montagnes de dettes.

Sa fureur de la danse lui a valu une hanche en plastique, et il a gagné un œil artificiel dans une course enragée en voiture. Pour ses soixante ans, Ronald et Nancy Reagan lui ont adressé leurs meilleurs vœux de santé. Un rebelle pouvait-il tomber plus bas? Mais son sourire animal était toujours là. Après une courte convalescence, il a continué à faire claquer ses chaussures sur toutes les scènes de ce monde. Il se produisait avec ses grands aînés, Dean Martin et Frank Sinatra, qui ont réussi, de leur vivant, le passage de la star au mythe.

Nous, les humains, avons depuis longtemps arraché les étoiles du firmament et analysé leur substance génétique. Nous avons démasqué les «surhommes » qui, sous une douceur apparente, cachent un égoïsme maniaque et ne sont qu'épaves nerveuses et solitaires. De toute façon, le show-business, au sens premier du terme, n'existe plus. La comédie musicale obéit désormais aux lois du commerce et se répand dans le monde sous une forme clonée et rentable. Elle est créée et administrée par l'empereur Lloyd Webber qui surveille son Capitol à Londres. Ce que Brecht, Weill, Eisler, Kaiser et beaucoup d'autres avaient commencé en Allemagne avant la guerre — une combinaison véhémente de la langue, du chant, du corps et de la tête — n'a jamais trouvé de suite. Le spectacle importé des Etats-Unis n'est qu'une pâle banalité si on le compare au bouillonnant théâtre musical de Berlin, avant la montée du nazisme en Allemagne. L'ère de splendeur et de gloire est révolue parce que les réalités nous jugent sévèrement. La grande faucheuse passe. Les sociétés de nos pays-spectacles — pardon, de nos pays industrialisés — cultivent extrêmes et minorités. Les monopoles produisent leurs stars. Contraint au succès commercial, l'art a perdu sa vertu d'exprimer « un sentiment naïf et spontané ». L'intuition est remplacée par la tactique et un façonnage mécanique. La variété à l'état pur paraît curieusement naïve et nostalgique.

Sorry Sammy ! Tiraillée entre mon besoin d'activité et la conscience de mon impuissance, je suis, moi aussi, au bout du rouleau.

19

La diva en plein jour

Le lendemain de son concert, la diva a rendez-vous dans un café pour une interview. Ses godasses sont usées, ses cheveux mal coiffés. Elle grommelle des mots incompréhensibles, se traîne vers une table et a une gueule que toi, son contemporain, tu n'auras jamais, parce que tu mènes une vie réglée.

Que dire de plus? Une femme déchue. Pas un chat ne se tournerait vers elle si son nom n'était pas connu. Les ongles crasseux, les dents jaunes, la peau des coudes rugueuse comme celle des enfants, les paupières lourdes, des cernes foncés sous des yeux barbouillés de mascara noir. «Non, merci. Pas même au clair de lune. Si je n'étais pas obligée...», voilà ce que tu penses.

Des taches de sauce tomate et d'encre sur son pantalon dont l'ourlet est à moitié décousu, un pull en microfibre qui peluche avec plein de fils tirés. Mon Dieu, qu'elle est pitoyable! Que cette rencontre te met mal à l'aise. Les feux de la rampe peuvent parfois être bien trompeurs. Hier, un soupçon de sentiment a failli te faire monter les larmes aux yeux et te serrer la gorge. Oublie tout ça, ma vieille.

127

Non censuré

Elle sirote son café comme si elle n'avait aucune éducation et, pourtant, elle est censée représenter la culture allemande à travers le monde. «Pourquoi n'allez-vous jamais à ces fêtes délirantes qu'organisent les artistes?» lui demandes-tu, en espérant pouvoir lui imposer un sujet de conversation sur lequel tu te sentes à l'aise. Elle rit et, de sa voix rauque, presque vulgaire, raconte des trucs incohérents dont tu ne saisis pas l'importance culturelle, scientifique, politique ou sociale. Que vas-tu pouvoir dire dans ton article? Elle parle vraiment comme le dernier des punks de la gare du Zoo à Berlin.

Ah, voilà, tu viens de trouver. L'hypocrisie de cette garce de diva qui essaie de nous faire croire à des sentiments perturbe nos émotions et nous tient sous son charme alors qu'elle n'est, elle-même, qu'un tas dépravé sans le moindre sentiment. Une clocharde. Où est donc l'idole, l'héroïne? penses-tu dans ton dégoût. De la salive pleine de déception et de fureur s'accumule au coin de ta bouche. Et coule dans ta plume.

20

Même les anges
ont des sentiments

*Marlène au ciel commentant le livre
de sa fille adorée*

Oui, alors, eh bien quoi?

Allez, appelle-moi Marlène et oublie ces questions distinguées. C'est idiot, seulement des inepties. Ça alors, ne prends pas cet air pincé. Mais vous êtes troublés? Que se passe-t-il? Ah oui, le livre!

Rires.

Le livre, le livre... Oui, ce maudit livre, cette saloperie.

Salope, quelle trahison, c'est idiot, idiot, quel blabla. Une si basse trahison, honte, mensonge, mépris. Cannibale, meurtrière, diffamatrice, diablesse, misérable. Des rats. *Elle rit.* Le livre... oui, oui. Vous êtes choqués, je suis choquée. Cette salope, cette salope indigne, ingrate et fausse, cette... ma... ma... ma fille.

Silence. Rires.

Elle a réussi un grand coup, l'affaire de sa vie, qu'est-ce qu'elle a ramassé comme argent! Et maintenant, vous croyez tout savoir sur moi.

Vous n'êtes que des cervelles de moineaux, des chiffes molles. Du sexe, du sexe, ça vous plaît.

129

C'était facile à prévoir. Des lesbiennes, l'amour est un passe-temps, et encore, et encore.

Ça vous plaît, hein, les insensibles? Elle a donné du sucre aux singes. Une telle banalité, j'aurais pu la taper moi-même. Tout est trahi : mère, gens, animaux, tout ce qui grogne. Et la patrie. Oui, vous m'avez privée de ma patrie.

Hollywood, va te faire foutre, Hollywood, c'est tout. Et ma fille, mon petit bébé, maintenant tu t'achètes le monde.

Silence.

Cette brasseuse d'affaires misérable.

Silence.

Maître chanteur, bafoueuse de mère, petite experte en chantage misérable, des chèques pendant des années, des chèques et encore des chèques pour la petite princesse, pour l'empêcher de sortir ses écrits honteux.

L'impitoyable.

Elle aurait préféré m'assassiner tout de suite. Maître chanteur jusqu'au dernier souffle.

Maître chanteur jusqu'à la mort, maître chanteur jusqu'à la fin cruelle.

Silence.

Je suis bien mon propre mythe...

Je me suis créée moi-même, je suis ma propre œuvre.

Rires.

Je préfère chanter une sérénade pour Maria. Vous le voulez ainsi, vous l'avez ainsi, vous l'adorez ainsi, vous le faites ainsi, vous achetez la vie ainsi, vous vendez vos âmes ainsi, vous vendez vos patries ainsi.

Avec le poing, frappe, frappe, prends ton élan et frappe encore une fois sur la poitrine.

Rires. Oui, oui.

De la tête aux pieds, je m'adapte aux voleurs et aux douleurs, aux maîtres chanteurs, aux... aux... douleurs...

Déçue de la tête aux pieds, de la tête aux pieds mon œuvre, je suis la Lola pimpante, je suis la mère pimpante, la terrible, le chouchou de la saison.

J'ai une petite fille à la maison dans mon salon. *Rires.* Oui, elle a l'air de vouloir m'accompagner en bas dans la salle. Oui, oui, c'est ce dont elle a toujours rêvé : être aussi grande que moi.

C'est ce qu'elle n'a jamais réussi.

Cette fille n'avait pas de talent, la chérie, pas de style, pas de sens musical, elle ne me l'a jamais pardonné.

Elle a donc commencé à me haïr, véritablement haïr, et à me mépriser. Elle n'a pu le supporter.

Oh, Maria, ma pauvre gamine.

Tu as dans ta poche le salaire de Judas, de l'argent méchant, sanglant, tu n'auras pas de plaisir avec cet argent.

Si tu savais à quel point je suis blessée. Gamine! *Silence.*

Maintenant, tu l'as enfin achetée, ta gloire, enfin on te regarde.

Combien d'entretiens à la télé as-tu déjà obtenus?

Tu t'es bien arrangée pour les obsèques, hein? Mon propre portrait. Tu as lancé des fleurs sur mon cercueil mais tu aurais préféré cracher dessus. Tu as fait des signes solennels de la voiture, comme si tu

131

étais la grande star. Ma petite, ma toute petite, tu es une bien pauvre créature.

Tu m'as déshonorée.

Tu as mangé des gâteaux sur ma mort. Trinqué trois fois de soulagement. C'était ton gâteau préféré ?

Toi, ma fille, qu'est-ce que tu t'es encore acheté ? Une maison de poupées ? Un nounours ? Une robe rose ou un hippopotame ? Du talent ? La beauté ? Un passé ? Une mère ?

L'amour qui t'a tellement manqué, comme à nous tous dans ce monde ?

Vite, vite, petit enfant, mon petit bébé, achète-toi tout, tout ce qu'il te faut. Oui, oui, vas-y, brade tout mon avoir, mes petits trésors.

Maintenant, enfin, tu auras tout, petite prima donna, mon petit bébé.

Maria, Maria, mon œuvre.

21

Colères

Nous avons contacté Mme Lemper pour lui proposer d'écrire un livre sur elle. Après un silence de plusieurs mois, elle a fini par accepter. « C'est une idée sympa. » Nous nous sommes réunis pour nous mettre d'accord sur le contenu et la grosseur du livre. Nous voulions sortir un beau portrait, dans le style de notre livre sur Marlène Dietrich. Papier glacé, couverture luxueuse, première catégorie. Comme le mérite une diva ! Oui, oui, disait-elle, ce serait classe. Cependant, il faudrait rester vigilant et ne pas l'encenser.

Ne faisant pas confiance au style hagiographique d'un auteur extérieur, elle a voulu écrire elle-même. Un auteur se serait contenté de nager à la surface du charivari de sa carrière et de comptabiliser ruines et victoires. Quelques mots très personnels pourraient être intéressants et instructifs.

Enthousiastes et curieux, nous avons donné notre accord pour cette entreprise. C'est magnifique quand un artiste s'exprime. Donnons-lui la parole pour qu'elle parle un peu chiffons et qu'elle raconte quelques histoires croustillantes sur la scène et le monde excitant du show-business. C'est ce qu'attendent les gens.

Nous avons envoyé le contrat. Une coupe de champagne à la main, nous avons signé, nous étions d'excellente humeur et pleins d'espérance. Nous lui avons donné carte blanche. Après tout, elle est majeure et prend soin de sa carrière, et nous avons, à cette pensée, dégusté nos amuse-gueule au saumon jusqu'à nous étouffer.

Et vous pensiez pouvoir faire votre salade dans votre coin!

Je les ai bâillonnés à leurs fauteuils, je leur ai fourré dans le bec tout un tas d'articles et de catalogues et je me suis installée à l'ordinateur. J'ai fouillé dans les oubliettes des mots. Et j'y ai trouvé tout un nœud de serpents et de vermine. L'heure de Mister Hyde avait sonné. J'ai senti que tout remontait en moi, s'y répandait et balayait le reste. L'heure de la confession, que je n'avais plus vécue depuis l'âge de douze ans, venait de sonner à nouveau. Il était temps de tout avouer. Il fallait montrer le monstre qui est en moi. Enfin, je pouvais confirmer ce que mon voisin avait toujours pensé.

En avouant et en entrant le tout dans l'ordinateur, j'ai été violemment envahie d'orgueil. Orgueilleuse comme un assassin qui a assommé treize femmes pour les manger ensuite. Orgueilleuse comme un faussaire de Van Gogh qui a tiré trois milliards de la poche d'un Japonais. Orgueilleuse comme tout ce qui est digne et indigne de l'homme, ce qui surgit du marasme de l'histoire et paralyse les entreprises...

Pardon, mais je déteste l'orgueil qui s'accumule et se déverse sauvagement. Donc, l'orgueil a duré un instant, un court instant. Elle est déjà passée, cette fièvre de l'ordinateur. Pendant une seconde, j'ai simplement pensé pouvoir divulguer des horreurs. Il suffit de taper et le monstre surgit. Chacun peut lire. Une joie, ce jeu. Je n'étais qu'une petite fan insignifiante de l'ordinateur, qui aurait pourtant voulu ébranler le monde. Ou seulement ma chambre d'enfant ? J'ai laissé les membres du comité de lecture s'agiter dans leurs fauteuils jusqu'à ce que la secrétaire serve les biscuits et le café.

Hier, M. Ducon m'a invitée à chanter devant ses employés, ses clients et d'autres VIP, pour le gala de son entreprise. Quelle idée charmante de se produire devant cette horde de sentimentaux ivres et de les distraire au moment du dessert ! J'adore les galas ! Ce sont les moments les plus dignes de la vie d'un artiste végétatif. C'est là que l'on prend enfin conscience de n'être qu'une gentille petite servante au bal des vampires. Il doit bien y avoir une raison pour monter si haut dans la sphère des abattoirs sociaux. En me démaquillant, je suis avant tout soulagée de ne pas faire partie de ce troupeau de buffles qui continuent ensuite, jusqu'à l'aube, de tout fouler au pied dans leurs danses macabres. Les singes s'envolent, les oiseaux sont écrasés...

La rédaction dessoûle vite, mais elle a encore la gueule de bois.

Un jour, alors que j'étais en train d'écrire mes expériences professionnelles dans un avion qui ne voulait pas décoller, j'ai eu le vertige. Le décollage a été retardé de plusieurs heures et l'air dans le ventre de la machine s'est épaissi. J'ai oublié la destination du vol et les nombreuses scènes sur lesquelles je me suis produite. Faut-il raconter ces choses? Je vis et travaille au théâtre et n'ai pas envie d'en parler, cela me donne mal au cœur. Qu'y a-t-il d'important dans cet univers? «Beaucoup de choses», répond l'éditeur. Ça doit être vrai. Mais j'ai le sentiment qu'il s'agit d'une mission impossible.

Autour de moi, les gros ventres pleins de bière sentent mauvais, comme d'habitude. Les minces sentent le parfum bcbg. Ou bien est-ce *Joop*? Il y en a un qui ronfle, un autre lit le *Bild*, un troisième étudie un magazine porno tandis qu'un autre essaie de draguer sa voisine et, comme un idiot, fixe sans arrêt ses genoux pleins de cellulite. J'aurais dû prendre le train, en seconde classe, pour l'outre-mer. Dans le train, les visages sont plus agréables, même s'ils semblent tristes et perdus.

Autour de moi, les grands titres des journaux assaillent les cerveaux de mensonges et de scandales. De petites veines ont éclaté dans le blanc des yeux et sur le nez. Ça sent la répression. Ou n'est-ce que des haleines avinées? Que ce soit la guerre en Turquie, le tremblement de terre au Mexique ou le gonflement des seins de la princesse Sois-belle-et-tais-toi, tout se lit de la même façon. Tout coule comme une bonne bière puis se recrache comme tout ce qui est recyclable. L'annonce des mesures prises pour protéger l'environnement continue de nous duper. On fait danser des chevaux de cirque. Allez, venez, venez! «Comment peut-on encore s'étonner, on doit toujours se laver les mêmes mains», dit Kästner. Ça devient trop dur pour les hommes. Ils cherchent leur image dans la glace.

Je ne me laisse plus traîner sur le moindre piédestal ni à chaque interview, mais mon activité dépend toujours des maisons de disques, des organisateurs de tournée, des médias et des trafiquants de relations publiques. Souvent, l'artiste n'a qu'un petit mot à dire. La plupart des décisions sont prises au-dessus de sa tête. On ne lui demande pas son avis. J'ai la grande chance d'avoir une relation créative avec mon producteur de disques, mais je sais bien que les représailles sont monnaie courante. Pour obtenir la meilleure image et le meilleur investissement dans le travail, il faut glisser une cuillerée de soupe délicieuse dans chaque bouche. Cela signifie une humiliation quotidienne, apprendre le lendemain que, de toute façon, tout a été décidé sans consulter l'interprète. La plupart du temps, la vente de disques ou l'organisation de concerts ne diffère en rien de la commercialisation des lessives ou des soutiens-gorge. Nous sommes des produits, ce qui oblige, le plus souvent, à utiliser les mêmes procédés, à pousser les boutons les moins chers. Une chanson ne peut devenir célèbre que si elle passe souvent à la radio. Les responsables de programmes musicaux font tout pour augmenter l'audimat, c'est-à-dire pour attirer les auditeurs en masse. Donc, la station diffuse les vieilles chansons que tout le monde chante. Les tentatives pour ouvrir les oreilles à un son différent sont beaucoup trop rares.

«Mon Dieu, c'est tellement négatif que ça en devient répugnant», dit, lésé dans son optimisme, le professeur Possède-Tout, sur ce ton de plaisanterie souveraine propre aux faiseurs. «Mais tout va à merveille! L'Allemagne s'en sortira, puisque nous avons dans la poche, depuis longtemps, le billet du PST, le paradis sur terre.» Il se délecte, dans le style ironique des vainqueurs, se souvenant de son dernier intermède à la sauvette avec sa secrétaire.

«Faut surtout pas s'échauffer, on serait perdant. Surtout pas de rage, on manquerait de maîtrise. Toujours indolent, galant et léger», dit l'intellectuel qui n'a jamais tendu la main à un Polonais, à un tzigane, à un malade du sida ou à un clochard, et l'a encore moins réchauffé. J'aimerais glisser dans la bouche tordue de ces fabricants de saucisses paradant au volant de leur grosse voiture quelques steaks de vache folle pour les empêcher de nous assoupir lors des débats télévisés par leur nonchalance, leur sérénité charmante et légère. Que, lourdauds, ils errent eux aussi, paniqués et enragés. Comme les vaches.

«*Watch your language*», disait la mère. Elle avait raison.

22

Nicaragua

Après avoir joué quinze jours au Rainbow and Stars de New York en 1989, j'étais extrêmement heureuse d'aller au Nicaragua. Dietmar Schönherr s'était proposé de me faire visiter le pays et de me présenter ses projets de développement. J'ai vécu des moments intenses. Ça m'a fait beaucoup de bien d'échapper au quotidien du spectacle et de découvrir un autre monde. Les expériences réalisées dans ce pays tellement différent ont remis en question ma façon de vivre et mon univers professionnel.

«A l'origine de l'Histoire, il y a l'homme qui travaille, qui crée, transforme et améliore la réalité. Au moment où il s'est compris et a fondé ce qui lui appartient dans des conditions réellement démocratiques, sans mercantilisme ni aliénation, naît dans le monde quelque chose qui semble se situer pour tous dans l'enfance et que personne n'a visité : le sentiment d'être chez soi» Ernst Bloch.

Je regarde autour de moi et je vois des visages et des mains bronzés, desséchés par le travail et le destin, mais néanmoins vifs et sans crainte, qui expérimentent la liberté.

Les Nicaraguayens ont entamé une lutte pour l'autonomie et la justice il y a dix ans et ce, après plusieurs occupations et trente ans de dictature. Les opprimés, notamment les paysans pauvres qui représentent la majorité de la population, ont commencé à relever la tête et ils ont réussi une révolution dont l'importance a largement dépassé les frontières de ce minuscule pays. Mais ils ont dû payer leur liberté de cinquante mille morts. Beaucoup de familles ont été touchées. La guerre a retardé l'émancipation de ce peuple et, surtout, les contras, recrutés en grand nombre parmi les membres de la garde nationale de Somoza et équipés par les Américains, ont tenté d'empêcher tout développement du pays. Ils ont supprimé des écoles, des entreprises agricoles, des professeurs et des savants.

La guerre est finie. L'embargo économique décrété par les Etats-Unis créait d'énormes difficultés. J'ai eu l'impression que le gouvernement sandiniste essayait, petit à petit, de s'engager sur des voies démocratiques.

Les journaux d'opposition, avec des articles incendiaires contre les sandinistes, étaient autorisés. Les membres de l'ancienne garde de Somoza, devenus prisonniers politiques, avaient été remis en liberté, alors qu'ils avaient, du temps de la dictature, torturé et assassiné sans scrupule des enfants, des femmes et tous ceux qui les gênaient. Le gouvernement sandiniste a mené des campagnes d'alphabétisation et de santé et s'est préoccupé de la liberté de culte. On voyait des poignées de main s'échanger entre troupes ennemies, entre le gouvernement et l'opposition. On sentait que le peuple respirait. La paix s'était installée, on revivait, du moins dans la mesure du possible.

Olga, une femme des bidonvilles de Granada, peut tranquillement rester jusqu'à dix ou onze heures du soir devant sa baraque avec ses trois filles majeures et ses petits-enfants. Elle se balance sur sa chaise à bascule. On grille des bananes et du poisson, on rit aux éclats et on regarde l'écran minuscule qui diffuse des feuilletons européens et américains achetés à peu de frais. Imaginons *Hélène et les garçons*. Elle discute de politique à voix haute. La peur des rafales de mitraillette s'est dissipée.

Naguère, il fallait s'enfermer dès 18 heures. Parfois, les soldats frappaient à sa porte, la menaçaient, elle et sa famille, ou criblaient de balles les objets et les meubles. La nuit, des hommes disparaissaient. Personne ne savait où son voisin avait été emmené, s'il était encore en vie ni ce qu'il était devenu. Puis, le jour où les sandinistes et les contras se sont tiré dessus dans leur rue, Olga et sa famille ont également dû payer. Les contras ont enfoncé la porte à coups de fusil. Ils ont jeté une de ses filles alors enceinte de neuf mois sur la terre battue, et l'ont rouée de coups jusqu'à ce qu'elle mette au monde son enfant. Les autres membres de la famille étaient parqués dans un coin, contraints de regarder. Personne n'avait le droit de bouger.

Olga me raconte cette histoire sans broncher. Elle sait ce qu'elle veut et ne se laisse plus faire, même si un jour elle doit donner sa vie pour la liberté. Elle travaille à la Maison des femmes où elle enseigne la couture. Par ailleurs, elle milite activement pour le parti sandiniste. Son fils vit depuis deux ans en RDA pour y poursuivre des études. Il a rencontré une Allemande de l'Est qu'il veut épouser. Angoissée, Olga me demande si cette fille pourra quitter son pays, car sa bru devra vivre à Granada. Le Nicaragua ayant la réputation d'être un pays communiste, la RDA ne devrait pas lui créer de problèmes, lui dis-je.

Nous rigolons, mangeons des bananes grillées recouvertes de tellement de chili qu'elles me brûlent la langue, et nous chassons les moustiques qui volent fébrilement autour de nous.

Dans un petit coin de sa maison, elle héberge un membre des brigades internationales. Il doit rester trois mois. Elle loge ainsi depuis deux ans des brigadistes européens et me montre fièrement leurs photos. Deux soldats du gouvernement, en armes, passent, plaisantent sur mes cheveux blonds et nous sourient. Nous les saluons, ils continuent leur route. Ici, les armes font partie du paysage quotidien. Mais il n'y a pas de danger, Dieu merci!

Je me rappelle ma première impression du pays, le voyage depuis l'aéroport, à travers Managua, avec Dietmar Schönherr, dont les projets de développement m'intéressaient énormément. Depuis le tremblement de terre de 1972, le centre de la capitale est toujours complètement détruit. Partout, les ruines des maisons construites à l'époque de Somoza, jadis certainement impressionnantes, ne sont plus que des blocs de pierres effrités car il n'y a pas d'argent pour déblayer, et encore moins pour construire. Le

centre-ville est marqué par le monument de la révolution, construit devant un autre monument datant
de l'époque de Somoza.

Le Teatro Ruben Dario, blanc et pompeux, de
style mussolinien, une idée de la femme de Somoza,
constitue une apparition réellement absurde, presque surréaliste, dans ce paysage dévasté. Et aussi la
vieille cathédrale détruite lors du tremblement de
terre et dont les ruines sont certainement plus mystérieuses que ce qu'il y avait auparavant. Le sol est
recouvert d'une végétation qui monte le long des
murs encore debout, des colonnes et de l'autel. Des
restes de peintures murales colorées, des statues de
Jésus-Christ et des apôtres, rongées et décapitées, le
tout en plein soleil, sous une lumière incroyablement éblouissante, enveloppante et pleine, dont la
puissance nous subjugue. Elle dessine des formes
mystérieuses sur les ruines et transforme les angles
en ombres cubistes. Image d'un présent à l'aban-
don, d'une sainteté révolue et, en même temps,
vision du jugement dernier.

Déjà à l'époque, j'avais remarqué les sandinistes
armés dans les rues, mais également les acacias et
les flamboyants en pleine floraison, et les nids-de-
poule pénibles qui transforment la route en paysage
de cratères. Cet air fiévreux et lourd m'avait para-
lysée comme une crise de rhumatisme.

J'ai tout de suite été initiée aux problèmes auxquels se voit confrontée l'aide au développement.
Par où commencer et comment commencer puisque
tout manque partout? Après avoir longtemps cherché un projet, Dietmar Schönherr s'est mis à tra-

143

vailler, avec prudence et en douceur, selon trois grands axes :

1) La Posolera, une petite agglomération du nord du Nicaragua, en pleine zone de guerre. Grâce à son travail, il y a maintenant une église, une école, des installations sanitaires, des cabanes solides, l'électricité et des ouvriers spécialisés. Un de ses collaborateurs m'a raconté que ces gens avaient vu des ampoules pour la première fois, et avaient pu soudain profiter de leurs soirées pour lire, écrire et bricoler. Une nouvelle dimension, une fête joyeuse et excitante s'offraient à chaque individu.

2) Un projet concernant l'agriculture : une usine de fabrication de machines et d'outils agricoles.

3) Un projet culturel : la «Casa de los tres mundos». Un point de rencontre, à Granada, où art et culture peuvent être réalisés, présentés et discutés dans toute leur variété. La vie artistique du Nicaragua est très en retard, mais les gens sont engagés et explosent d'émotions. Un feu couve qui ne demande qu'à être attisé. Seulement, les moyens financiers manquent. Les gens qui fournissent l'aide au développement et qui résident dans le pays pendant de longs mois sont des experts. Au bout d'un certain temps, ils attrapent la fameuse «folie des tropiques». Ils sont frustrés car, pour faire bouger quelque chose ici, la patience et une constitution solide sont indispensables. Le corps doit supporter le climat, ce qui exige de la discipline dans l'alimentation, etc. Nombreux sont ceux qui, par frustration, se remplissent le ventre de bière et de rhum. Souvent, ils deviennent dépressifs parce qu'ils sont loin de leurs femmes et de leurs enfants. On entend

des phrases comme : «De toute façon, les Nicas (apparemment les autochtones s'appellent ainsi) ne pigent rien.»

Pourtant, les visages des Nicas rayonnent. Des yeux gentils, souriants et curieux me regardent. Je ne les ai jamais vus ni brutaux, ni agressifs ou machos.

Nous devons nous rendre dans la ville portuaire de Corinto — un trajet de deux heures et demie par des routes défoncées — pour chercher une machine destinée à imprimer des tirages d'art. Depuis quatre semaines, l'arrivée de la grosse boîte est retardée, mais elle doit être enfin arrivée. Et la suite? Une attente interminable devant les guichets, un reçu par-ci, une autorisation par-là, d'une maison délabrée à l'autre, et partout une chaleur d'étuve. La misère et la saleté sont écrasantes. Les gens, notamment les enfants, sont aussi brun-gris et poussiéreux que la terre sableuse, les dépôts d'ordures et la crasse autour d'eux. Quelques vieillards édentés, à la peau fanée, se reposent et somnolent sur le seuil de leur porte et sous les arbres. Le temps s'est arrêté et le soleil brille. Je sens ma force, mes désirs et toute ambition me fuir. Ces gens vivent de façon fataliste. Bien sûr! Ils ne connaissent rien d'autre. Pourtant, tout inspire la paix et l'impassibilité. Une intemporalité de la nature, du soleil et des choses. Comme dit la devise : Vivre la vie puisque la vie nous est offerte.

Autour de midi, l'agitation s'arrête. Ce n'est qu'en fin d'après-midi que la lumière devient un peu moins éblouissante et que mon esprit se clarifie. Un monde incompréhensible. Ces gens vivent

dans la nature, en symbiose avec elle, ils en font partie. L'homme, l'animal et la plante dépendent l'un
de l'autre. Chacun doit donner et prendre. Chacun
occupe ainsi sa place dans cette petite société. Tout
est à l'état pur, rien n'est dénaturé. L'homme, ses
besoins, son environnement, ses mains. Très simplement... Et cette simplicité nous choque!

Je rends visite à Ernesto Cardenal, jésuite, prêtre
et ancien ministre de la Culture, l'un des plus
grands poètes révolutionnaires et chrétiens d'Amérique latine. Nous entrons dans une maison spa-
cieuse, qui lui sert de bureau et qui nous surprend
par son aspect relativement féodal. Tout de suite à
l'entrée est plantée une énorme statue de Jésus sur
la croix, très kitsch. Les gouttes de sang, peintes
d'un rouge flamboyant, contrastent avec la blancheur du corps. Partout des tableaux rassemblés en
vue du concours de peinture du Nicaragua. Leur
style est identique et se rapproche furieusement de
ce que nous appelons la peinture naïve. On les
appelle les peintres primitivistes du Nicaragua, et
leurs œuvres représentent presque exclusivement
des paysages, des scènes de groupe ou de mytho-
logie.
Ernesto Cardenal est un petit homme aux cheveux blancs et au sourire aimable. Il est habillé de
façon désinvolte d'un jean et d'une chemise blanche, et il arbore coquettement un chapeau typique.
Contrastant avec son attention, une étrange absence
peut s'emparer de lui, un recueillement silencieux
invitant à penser qu'il est dans un autre monde.
Il m'accueille à bras ouverts et m'embrasse sur la

joue. Toutes les questions auxquelles j'avais pensé me semblent insignifiantes. Je tente une approche douce et prudente.

Dietmar lui demande comment il se sent et quel jugement il porte sur la situation depuis qu'il a été évincé de son poste de ministre de la Culture par l'épouse d'Ortega. Cardenal accepte cela avec calme. Il dit remercier Dieu d'avoir à nouveau le temps de se recueillir et d'écrire. Il travaille à un poème de deux cents pages, la somme de sa pensée et de sa poésie. L'œuvre capitale de sa vie? Curieuse, je lis le début de ce monument :

> «Au début était le néant,
> Non, ce n'était pas simplement le néant,
> puisqu'on ne peut pas dire
> qu'il n'y avait rien dans le néant...»

Il explique que ce poème interroge la foi, l'évolution, la science, la société et la politique dans un même élan. Une seule envie et une seule ambition : aspirer à l'amour. Cette œuvre apporte aussi une réponse simple et exhaustive à mes questions concernant son opinion sur la religion, sa critique de l'Eglise, de la foi catholique romaine, des paroles et des actes du pape, etc.

«L'Evangile est la doctrine, la philosophie qui donne le sens de la vie et dont tout découle. La parole de Jésus est la réponse à toutes les questions. Le soleil, la lumière, la nature et les hommes font partie de cette parole. Tout a un début et une fin, et continue de vivre ainsi.»

Dans les psaumes, sur lesquels il a travaillé,

147

Ernesto Cardenal a retenu cette parole, l'a descendue du ciel pour la placer dans sa bouche et celle de chaque Nicaraguayen. Il n'en a pas changé le sens, mais l'a concrétisé, l'a adapté à notre époque, la rendant actuelle et excitante. La religion et la politique se donnent la main. Il a réveillé le désir d'être libre chez l'homme opprimé, pauvre et apparemment abandonné par Dieu. Cette petite cabane délabrée et pleine de cancrelats veut faire partie du royaume de Dieu. La force de son discours est certainement l'arme la plus efficace d'Ernesto. Une arme contre le doute et la résignation. Un volcan rempli de lave. Il est comme un professeur enseignant aux habitants d'Amérique latine comment se battre pour leur vie. Est-il ou non pacifiste ?

Le pape, dans un discours prononcé le 4 mars 1983 sur la place du 19-Juillet, anniversaire de la révolution à Managua, a déclaré qu'il était opposé à cette Eglise «populaire». Il a refusé de se prononcer sur la situation politique et sociale du pays. Le peuple, qui attendait d'être encouragé dans son combat pour la liberté, est rentré bredouille.

Cardenal était à l'époque ministre de la Culture, donc un ecclésiastique assumant une charge politique. Il n'a pas été salué, lui qui l'avait sollicité humblement à genoux, par un baise-main du pape. Le Saint-Père a souligné qu'il n'y avait qu'une seule Eglise, celle qui existe depuis des siècles, avec ses dogmes, sa hiérarchie et sa structure.

Et c'est cette Eglise, riche, pathétique et théâtrale, répétant le même texte depuis des siècles, qui doit réconforter l'homme asservi ? Je pense qu'il faut crier haut et fort les psaumes d'Ernesto Cardenal.

Ce qui est nécessaire, ce n'est pas un humble repli devant la machine autoritaire et puissante de l'Eglise, mais en chaque individu une colonne vertébrale qui se cabre dans son espoir et sa fierté.

Ernesto Cardenal a donné à l'Amérique latine, et notamment à ses opprimés, un sentiment nouveau de leur propre valeur. Il le leur a donné en tant que chrétien, homme politique et, surtout, poète. J'avais cet homme devant moi. Il a dû souvent écrire en maîtrisant sa rage jusqu'à saigner des doigts, et continue certainement de le faire à soixante-dix ans car, de temps en temps, ses petits yeux noisette sont traversés par la lueur d'une colère non apprivoisée. Cet homme passionné a trouvé sa réponse, une réponse qui restera toujours une question et une invitation à l'action, et il continuera de chercher. Il cherche en observant, en parlant, dans le combat et le silence. Il dit que son être est resté identique, mais qu'il a changé de style, de forme et de couleur avec le temps.

Je commence à comprendre son livre sur l'amour. Dans notre monde de théories et de conflits refoulés, ces phrases claires, pittoresques et simples, paraissent d'abord étranges. Mais, pour lui, l'important est «tout simplement» l'amour.

Le vieil hôpital vétuste de Granada a été rénové avec du carton-pâte pour le tournage d'un film. Uniquement la façade, qui doit représenter l'ambassade des Etats-Unis. Quelle impression de propreté et de splendeur! Derrière cette façade de carnaval se cachent, tombant en ruine, des pièces désertes et sales rongées par les termites. Des

ordures de toutes sortes traînent dans les coins.
Tout cela n'est rien, comparé à ce qu'on découvre
ensuite : dans l'arrière-cour, un paysage de tentes
sur le sol nu et poussiéreux. Elles paraissent vides
et abandonnées au soleil. Mais en approchant, on
comprend et la cruelle vérité vous frappe. Depuis
des mois, l'hôpital, c'est ça ! Deux petits conteneurs
donnés par l'armée italienne servent de salles d'opération. Tout ressemble à un camp d'urgence, à une
station sanitaire en temps de guerre. Sous les tentes
et sur la terre poussiéreuse, les lits sont collés les uns
aux autres. Sur quatre mètres carrés, on trouve deux
lits ; dedans, des gens souffrant de fractures qui
viennent d'être opérés, d'autres atteints de maladies
graves ou bénignes. Incroyable ! C'est ça, l'hôpital
de Granada ?

Nous nous rendons au service de pédiatrie qui se
trouve dans un bâtiment en bois. La plupart des
enfants souffrent de diarrhées. Il y a aussi tous ceux,
nombreux, qui ont des maladies pulmonaires, un
grand problème au Nicaragua à cause de la pollu-
tion et de la densité de la poussière dans l'air. Il y a
aussi, au service de réanimation, des nouveau-nés.
La plupart sont prématurés, beaucoup ont des problèmes liés à une alimentation insuffisante du fœtus.
Ils sont dans des couveuses ouvertes et non stériles.

Beaucoup de Nicaraguayennes enceintes ignorent
à quel stade elles en sont de leur grossesse, parce
qu'elles ont oublié la date de leurs dernières règles.
Elles viennent à l'hôpital souvent beaucoup trop
tard, quand la grossesse se prolonge et provoque des
intoxications. La plupart accouchent dans la rue.
Nombre de femmes ne connaissent pas l'âge exact

de leur enfant. Faute de balance à domicile pour constater une sous-alimentation éventuelle des nourrissons, l'Etat a distribué des mètres-rubans et fait mesurer la taille de leur tête. Un point rouge indique la taille idéale. La plupart sont beaucoup trop petites. Les mères refusent d'allaiter, ce qui affaiblit le système immunitaire.

Une ignorance totale règne. Je sens monter mes larmes. Et toujours ces grands yeux noirs qui semblent chercher quelque chose. Une mère pleure au chevet de son enfant mourant, et le médecin, endurci par cette misère, déclare d'une voix bien trop forte que cette pièce est celle des incurables. La mère l'entend, fixe ces voyeurs sans comprendre et se retire, désespérée, cachant sa honte derrière son mouchoir. Elle crie en silence, sans admettre l'injustice du destin.

Le Nicaragua est beau. Sur des kilomètres, ça me fait du bien de regarder le paysage. Ce pays vit par ses propres moyens mais il est incapable d'affronter l'avenir, notre monde civilisé et matérialiste. Pourtant, je m'aperçois qu'ici chaque existence est plus digne, même si, dans l'ensemble, on vit moins dignement que chez nous. Faisant partie d'un groupe, chaque être vivant trouve naturellement une raison d'être. Nous, en tant qu'individus, nous avons souvent perdu notre rapport aux autres, nous sommes devenus des égarés, de simples badauds, des dieux ou des copies d'affiches en deux dimensions. Et si souvent, nous sommes tellement malheureux.

Ce pays peut s'en sortir si la paix s'installe et si le

peuple reste suffisamment mobilisé sur ses ambitions politiques et sociales. Sa richesse, c'est la nature et l'homme libre qui peuvent maintenant s'épanouir sous un gouvernement qui, lui, mettra évidemment du temps à trouver un bon fonctionnement. Mais le cœur de ce pays est vivant et digne, car il bat au rythme de la liberté conquise.

23

La fondation Kurt Weill

La fondation Kurt Weill a son siège à New York et a été créée par sa femme, Lotte Lenya, bien des années après la mort de Weill survenue en 1950. La biographie de Lotte Lenya, écrite par Donald Spoto *, est très instructive et pleine d'humour. Elle retrace notamment les folles entreprises de cette chanteuse-actrice-danseuse, née à Vienne sous le nom de Karoline Blammauer. Elle a choisi Lotte Lenya comme nom d'artiste quand, encore enfant, elle a effectué un numéro de cirque. Adolescente, elle s'est prostituée à Vienne. Des années plus tard, à Berlin, elle s'est présentée dans tous les théâtres comme danseuse.

Elle a fait la connaissance de Kurt Weill à l'occasion d'une audition pour *Der Frauentanz*. Un peu moins d'un an plus tard, ils se mariaient. Donald Spoto décrit en s'amusant ce ménage déséquilibré et fragile. Le compositeur doué qu'était Weill a dû avoir du mal à apprivoiser le caractère sauvage de sa femme. Apparemment, la musique a toujours été

---

* En français, *Lotte Lenya*, éd. Belfond, 1990.

le plus grand amour et la plus grande passion de Weill. Lenya, qui a eu de nombreuses aventures, découchait parfois plusieurs nuits de suite et menait sa propre vie sans tenir compte de son couple. Weill consacrait la sienne à la musique. Ils ne se voyaient guère qu'au théâtre, pour travailler. Weill semblait supporter la situation avec le plus grand calme. Même lorsque Lenya est partie avec Max Ernst, pendant leur exil en France, il a simplement hoché la tête d'incompréhension. Plus tard, en Amérique, ils ont vécu des périodes de séparation correspondant aux années durant lesquelles, justement, on ne voyait que rarement Lenya sur scène.

Après la mort prématurée de Weill, à cinquante ans, elle a mené une vie de femme fatale, tenant maison ouverte à New York. Dans les années 50 et 60, elle est revenue plusieurs fois en Europe pour enregistrer de nombreux disques de musique de Weill. A soixante ans, elle nous a offert de merveilleux enregistrements de sa voix «usée par la débauche». Ses cordes vocales évoquaient des milliers de paquets de cigarettes et des océans de whisky.

En fait, il n'est pas juste de dire que la voix idéale pour chanter Weill est rauque et grave. Lorsque Brecht et Weill ont enregistré en 1928, Lenya avait tout juste trente ans et une voix aiguë de garçon. Les chansons de *L'Opéra de quat'sous*, de *Happy End* et de *Mahagonny* ont été écrites par de jeunes auteurs pour de jeunes acteurs. Les enregistrements tardifs d'après-guerre ont créé un autre mythe. Personnellement, je préfère les versions tardives de

Lenya, qui peuvent être si passionnées et tristes. Lenya est simplement sans égal. Je ne sais pas combien de fois elle s'est mariée dans sa vie, je vous invite donc à lire Spoto. Un véritable déluge de ragots américain! A soixante-quinze ans, elle s'est à nouveau mariée avec un homosexuel de cinquante ans son cadet. Et alors?

Mon premier contact avec la fondation Weill date de 1986. Le spectacle Weill, que j'avais créé avec Jürgen Knieper, a été enregistré par une petite maison de disques indépendante. Si mes souvenirs sont bons, elle s'appelait Baier Records. Cet enregistrement était peut-être l'un des cinq disques produits par cette entreprise gérée par un seul homme. Baier nous a versé 800 DM comptant. Tout l'enregistrement s'est fait en trois heures, un après-midi, à Ratisbonne. Il s'agissait de vingt-six chansons enregistrées en direct. Je les ai simplement chantées l'une après l'autre. A l'exportation, ce disque s'est vendu à quelques dizaines de milliers d'exemplaires. Knieper et moi n'avons plus jamais touché un seul centime car, à l'époque, je n'avais pas demandé de royalties. A vingt-deux ans, j'étais contente d'avoir sorti mon propre disque. Knieper, en musicien expérimenté, s'était indigné de ma naïveté, mais avait accepté pour me rendre service. Je chantais beaucoup trop vite avec ma voix aiguë d'enfant. Aujourd'hui, je suis terrifiée quand j'écoute cet enregistrement. Il demeure cependant un beau témoignage.

La fondation Weill s'était procuré ce disque et m'avait proposé de donner un concert à New York.

Le lendemain du concert, les deux personnages clés de la Fondation, Lys Simonette, qui avait assisté Weill dans les années 40, et Kim Kowalke, l'expert en musique classique, m'ont invitée au restaurant. Doucement mais fermement, Lys Simonette a critiqué mon interprétation. J'avais beaucoup trop parlé, pris de trop nombreuses libertés avec la musique et trop changé le tempo et la hauteur de ton. Ces propos m'ont d'autant plus étonnée que Lenya avait chanté toutes ces chansons généralement beaucoup plus bas et avait toujours pris des libertés dans son interprétation. Le duo m'a alors raconté un événement important.

Lys Simonette avait été une amie proche de Lotte Lenya et, de ce fait, était à son chevet lors de sa mort en 1982. Dans son dernier souffle, Lenya lui aurait avoué qu'elle avait eu tout faux musicalement. Sa voix ne convenait pas à la musique de Weill. Elle avait toujours chanté terriblement faux, sans aucun sens musical, et n'avait jamais eu la moindre idée de la valeur des compositions. Weill avait souffert de l'entendre déformer sa musique parce qu'elle n'était pas chanteuse. Lenya avait émis le souhait qu'à l'avenir la musique soit interprétée exclusivement par des chanteurs classiques, note par note, sans expérimenter sur les passages de récitatif et sans prendre de liberté dans l'interprétation. Toute transposition était interdite. La composition devait sonner telle qu'elle avait été écrite et rien ne devait altérer le caractère de l'original.

Je suis restée bouche bée. Voilà donc ce qu'ils me demandaient! Ils devaient se tromper d'adresse. Le public de Weill partirait en courant dans ces conditions. J'ai avalé ma salive et leur ai dit : « *Good bye.* »

Après l'enregistrement de mon premier disque de Weill, en 1988, avec Decca-Londres à Berlin, auquel participait l'orchestre radiophonique de la RIAS, la Fondation s'est fâchée. Trop de récitatifs, etc. C'était ridicule, parce que j'avais pratiquement chanté toutes les notes en prenant précisément en compte le souhait de cette institution. Lors de l'enregistrement de *L'Opéra de quat'sous*, également à Berlin, la vieille dame touchante qu'était Mme Simonette venait tous les jours au studio. Elle veillait personnellement à ce que les chanteurs respectent les lois.

Elle a travaillé de façon particulièrement intense avec Mario Adorf, dont elle était tombée un peu amoureuse, comme nous le constations tous avec amusement. Apparemment, il avait été son rêve de jeunesse. Adorf l'a laissée faire. Elle se tenait assise et suivait les partitions du doigt en nous poursuivant, note après note. Je croassais les chansons de Polly à une hauteur incommode, parce que trop élevée. A cause d'elle. Elle n'autorisait qu'un demi-ton plus bas que l'original, il m'en aurait fallu au moins trois et demi. Lorsque *L'Opéra de quat'sous* a été créé à Broadway, avec Sting en 1990, l'excellente chanteuse qu'est Maureen McGovern était obligée de chanter Polly si haut qu'elle a capitulé avant même la première.

La fondation Weill a interdit beaucoup d'autres choses comme, par exemple, d'utiliser des extraits des *Sept Péchés capitaux* pour des concerts solo. En plus, cette œuvre ne devait pas être présentée avec un simple accompagnement de piano, mais avec la formation orchestrale d'origine : quarante-cinq musiciens. Je pense qu'au cours des années elle a rendu la vie impossible à nombre de compagnies théâtrales. D'une part, mettre en scène ces œuvres coûte désormais cher, d'autre part, il n'y a plus aucune liberté d'interprétation. Dieu merci, la Fondation ne sait rien de toutes ces petites productions qui bricolent la musique de Weill. Elle gardera son droit de regard jusqu'à l'an 2000. Ensuite, l'usage des œuvres sera libre.

Les enregistrements des *Sept Péchés capitaux*, de *Mahagonny* et de mon deuxième disque solo de Weill n'ont donné lieu à aucun commentaire. La Fondation s'est peut-être ravisée en acceptant que tout ne corresponde pas exactement à ce que la merveilleuse et folle Lenya avait demandé sur son lit de mort. Je m'incline devant elle. Ses interprétations peu orthodoxes étaient tellement belles !

24

Notes berlinoises

Pendant l'été 1992, sur mon petit balcon berlinois au beau milieu de Charlottenburg, je regarde ces hideuses cages à lapins autour de moi. En observant ces difformités architecturales, je sens monter en moi un étrange sentiment. Depuis cinq mois, je vis à nouveau à Berlin où je joue *L'Ange bleu* au Theater des Westens. J'adore cette ville. Sept ans auparavant, j'avais vingt-deux ans à l'époque, j'avais déjà joué dans ce théâtre. Pas loin de la gare du Zoo, j'ai interprété Peter Pan en m'amusant de l'impertinence de ce petit garçon.

L'impertinence, c'est certainement ce qui définit le mieux Berlin. Si je devais vivre en Allemagne, je vivrais uniquement à Berlin. C'est ma devise depuis longtemps. Les autres grandes villes allemandes sont trop stériles à mon goût. Berlin existe uniquement parce qu'elle est divisée et possède l'ossature d'un mutilé de guerre. Les champs de mines, le no man's land et le Mur n'existent plus, mais il y a toujours deux faces : toutes deux allemandes ; deux langues : toutes deux allemandes ; deux dialectes : tous deux berlinois, et deux fiertés nationales qui se

distinguent l'une de l'autre, le plus profondément et
le plus désespérément possible.

A Berlin se trouve le point d'intersection de l'Est
et de l'Ouest. La rencontre de ces deux mondes est
urgente car ici l'aliénation est plus visible
qu'ailleurs. La réalité l'emporte de loin sur toute
formule politique toute faite et sur toute idéalisation
en provenance de Bonn, ce patelin petit-bourgeois
et provincial où nos plus grosses têtes fédérales
vivent dans un cocon. C'est pour cela que le clan
des hommes politiques doit sortir enfin du doux
giron maternel qu'est Bonn, abandonner son senti-
mentalisme élitiste et rhétorique pour affronter la
dureté et la laideur du monde révélées par la lumière
du jour.

Evidemment, ils protestent tous. Tout accouchement est un choc qui fait mal. Partout à l'est de la
ville, je vois des maisons délabrées, cassées et décré-
pites. Peu de balcons ont des couleurs. Ces images
me rappellent mon séjour à Moscou. Subitement,
dans toute cette misère, je découvre un énorme
supermarché qui a dû être craché en un rien de
temps, en une semaine, avec des plaques de béton
provisoires. Il semble que ce n'est pas l'heure de
songer au style, à l'esthétique, à la qualité de vie ou
à la bienveillance envers les enfants. Le plus important, c'est d'abord la bouffe.

Depuis la réunification, le nombre de chômeurs
ne cesse de croître, les loyers augmentent de façon
vertigineuse et les Allemands de l'Est traversent une
crise d'identité profonde. Qui sommes-nous ? Pour
quelle raison avons-nous travaillé pendant quarante
ans ? A quoi avons-nous cru ? Que faut-il croire

160

maintenant ? Où sont les nouvelles valeurs dans lesquelles nous élèverons nos enfants ?

Leur destin me préoccupe. J'écoute beaucoup la radio et les histoires des gens touchés par cette crise. Suis-je vraiment une Allemande d'une Allemagne réunifiée ?

Londres me manque un peu. Déracinée, je m'y suis sentie chez moi pendant un moment. Au cours des quelque deux ans que j'y ai passés, mon bel appartement dans le quartier SW7 a malheureusement été cambriolé deux fois de fond en comble. Par ailleurs, les loyers et la vie y étaient tellement chers que Londres a creusé un trou énorme dans mon porte-monnaie. Il ne faut pas s'étonner que le niveau de vie des Anglais continue à baisser, les quartiers défavorisés à s'étendre, la criminalité et le manque de repères chez les jeunes à s'accroître. Un jour, Berlin sera une grande ville aussi insaisissable et chaotique que Londres.

A Berlin, j'ai à nouveau teint mes cheveux en roux. Cette fois-ci pour «Lola». C'était comme un signe, un réveil de mon ego. A travers Berlin, je redéfinis mon identité et ma féminité. Je suis au centre d'un des romans historiques les plus intéressants de notre siècle, et je me réjouis d'atterrir dans la réalité, après mon envol comme ange bleu, pour ne pas rater une seule ligne du chapitre intitulé «A la recherche du moi perdu» dans le livre qui s'appelle *Berlin*.

A la radio, le présentateur dit que le maire est en train de faire un tour sur la Spree pour montrer aux

161

ministres de la Culture étrangers l'endroit où sera construit le quartier gouvernemental.

Je ne comprends plus le monde et, hochant la tête, je passe au salon où tout sent terriblement la peinture. M'étant enfin fixée pendant quelques mois à un endroit, je me découvre une passion dont j'avais longtemps rêvé : la peinture à l'huile.

Partout, il y a des tableaux dans les couleurs les plus sauvages, et tout mon être, tous mes muscles, toute mon imagination savourent intensément les coups de pinceau. Comme en transe, je travaille pendant des heures. J'adore les «nouveaux fauves» (notamment Rainer Fetting), un mouvement qui est apparu à Berlin dans les années 70. Mes tableaux sont un mélange d'expressionnisme, de surréalisme et de ces «nouveaux fauves». Mais ils ne sont peut-être rien du tout. Juste un barbouillage. Ils ne sont presque jamais abstraits. Le sujet se trouve souvent dans un décor précis. Il y a une situation, comme au théâtre.

A propos de théâtre, il faut que je me dépêche, la représentation commence à 19 h 30. La phase d'extra-traversion de la journée commence.

L'Ange bleu m'a procuré beaucoup de plaisir, même si je suis très critique envers la mise en scène de Peter Zadek. Le destin a pourtant contrecarré nos projets : Marlène Dietrich est morte une semaine avant la première. Elle est devenue intouchable. Ses obsèques et tous les reportages sur la «déesse» m'ont réduite à un infime grain de sable en tant qu'interprète de ce rôle. Je ne pouvais plus gagner ce pari. Je ne voulais pas la copier, mais je ne pouvais pas non plus proposer un autre «Ange».

162

Tout le monde voulait revoir la vraie Marlène, en fait.

Zadek a disparu quinze jours avant la première. Savary, responsable de la chorégraphie des parties musicales, a essayé, bon gré mal gré, d'assumer la succession pour dissiper nos doutes. En vain. La presse allemande nous juge, la pièce et moi, très sévèrement. L'idée d'une revue ne colle pas avec cette petite histoire théâtrale. Je l'ai compris dès le début. Il ne faut pas croire que l'acteur puisse changer quoi que ce soit aux décisions du metteur en scène et de son équipe. J'adorais Zadek depuis longtemps et j'étais curieuse de travailler avec lui. J'ai toujours aimé ses mises en scène. *Ghetto* présenté en 1985 à la Freie Volksbühne en est un exemple. C'était une mise en scène dense et intime. J'avais espéré que *L'Ange bleu* aurait la même densité.

Toute la virulence contre cette entreprise coûteuse s'abat maintenant sur moi. Les insultes et les offenses dépassent les limites du tolérable. Je suis bouleversée. J'avais toujours pensé que le théâtre avait à voir avec l'amour.

Pourtant, beaucoup de gens adorent le spectacle.

Je dois faire face à une autre catastrophe. Après quatre représentations, je suis obligée de m'arrêter. Je n'ai plus de voix. Lors des répétitions, j'ai trop crié et, pour la première, mes cordes vocales étaient très fatiguées. Zadek avait voulu qu'on répète toutes les scènes jusqu'à vingt fois par jour. Dans ce cas, les chanteurs savent qu'il faut mimer. Aucune corde vocale ne supporte un tel traitement. Mais moi, j'ai chanté toujours à pleine voix, comme une débutante. Zadek exigeait cet élan permanent pour pouvoir développer le travail des scènes. Pour l'action dramatique, c'est la bonne méthode, parce qu'on doit pousser les émotions à l'extrême. En plus, j'avais trop de respect et trop de plaisir à travailler avec lui pour me défendre. J'ai été imprudente avec moi-même et maintenant je dois payer le prix fort. Le médecin a décelé des nœuds sur mes cordes vocales. Je suis sous le choc. A plusieurs reprises déjà, ces dernières années, j'ai eu un début de nœuds et d'enflement car une voix est forcément surmenée en cas d'effort ininterrompu. Chanter un grand rôle, et cela pendant plusieurs mois, pousser sa voix jusqu'à crier dans les scènes dramatiques, casse notre organe. On doit trouver une technique pour chanter, même en cas de rhume, il n'y a pas de convalescence possible dans ce travail à la chaîne. Combien de fois, ces dernières années, je ne suis pas sortie et j'ai négligé mes amis pour ne pas parler! Parfois, ce silence m'a apporté une solitude que je n'ai pas vraiment regrettée car cela faisait partie de mon destin. Mais d'autres fois, le sacrifice m'a paru trop lourd et je ne voulais pas que cette retraite dure trop longtemps.

J'ai donc maintenant, pour la première fois, un vrai nœud, qui a déjà un petit frère. Certains artistes vivent grâce aux quelque dix nœuds qu'ils ont sur leurs cordes vocales. Leur voix rauque de whisky fait tout leur charme. Moi, je préfère les intonations exactes et un emploi musical précis de ma voix que je traite comme un instrument. Je veux tisser les fils de la musique sur mon rouet, enchaîner crescendo et decrescendo en très peu de temps et ne jamais exercer de pression sur ma voix. Quand on a des nœuds sur les cordes vocales, il faut toujours une pression pour contracter les cordes et produire des sons. Ce faisant, elles se heurtent brutalement, ce qui favorise l'apparition de nœuds. C'est ce qui s'est passé pendant les répétitions et les premières représentations.

Je me rends à l'hôpital pour me soumettre à un traitement laser qui doit faire disparaître les nœuds. Il faut que je m'arrête un mois ou deux, au moins, pour soigner mes blessures. Eva Mattes, entre-temps, a repris mon rôle et s'en sort très bien. Des gens mal intentionnés font courir le bruit que j'aurais tout abandonné, jeté l'éponge, à cause des mauvaises critiques. Je me tais, je dois me taire. Je peins et je laisse faire. Trois semaines plus tard, je reviens sur scène. Du point de vue médical, c'est beaucoup trop tôt, mais je suis sous pression. C'est une période difficile.

Durant ce silence, je reçois un appel d'Andrew Lloyd Webber. Il me demande si je ne veux pas interpréter le rôle principal de Norma Desmond dans sa nouvelle comédie musicale *Sunset Boulevard* à Londres. Il vient me voir à Berlin. Nous discutons du projet. J'ai visiblement des difficultés pour parler. Ma voix est encore tellement affectée que je n'aurais pas réussi à assurer le début des répétitions. Je lui demande de bien vouloir reporter la production de six mois, mais les locomotives de sa gigantesque production sont déjà lancées. Bien évidemment, je suis déçue. Je mets le disque *Here's to life, here's to love, here's to you* de Shirley Horn et danse à travers mon appartement berlinois comme je le faisais quand j'avais quinze ans.

Karasek m'envoie des roses et des excuses pour son méchant article. Mme Wirsing sera mise à la porte peu de temps après pour subjectivité. J'ai toujours du mal à avaler. J'essaie de ne pas penser à ce qui a été écrit car, finalement, je dois m'exposer tous les soirs. Avant d'entrer en scène, je pense : Mon Dieu, je n'ose pas, est-ce qu'on va me vouloir du mal ? Mais rien ne se passe et je peux en profiter. Au Schauspielhaus de Hambourg, la même mise en scène connaît un succès. Toutes les critiques sont bonnes. Comment est-ce possible ? Certes, entre-temps, tout s'est rodé. Uli Wildgruber, dans le rôle du professeur Unrat, Eva Mattes en Gustl ou Lola, Martin Wuttke, Max Raabe, et d'autres comédiens merveilleux forment une troupe formidable. Nous sommes très soudés et ils me soutiennent dans les phases difficiles.

Un peu plus d'un an plus tard, à Berlin, il y a partout des atomes en fission. J'observe que ça se déchire sans cesse. Des plaisantins parlent de grands projets et de ceintures qu'il faudra serrer. La situation ne s'améliore pas. La mienne non plus. Les sources qui alimentent les grands et petits théâtres se tarissent, ceux qui y buvaient sont foudroyés. D'autres sources continuent à couler. Le théâtre européen est mis sur un piédestal. On utilise les vieilles recettes infaillibles dans de nouvelles mises en scène pour qu'au final le compte soit bon. Au cours des réceptions européennes, on s'accroche au passé. Le ciel s'obscurcit. Les représentations chaudes de l'année dernière se sont refroidies. Les chômeurs s'agglutinent autour de la mangeoire. La réalité est plus dure que l'année précédente. L'habitude efface l'étonnement. Les périphrases continuent de périphraser. Les miennes se veulent abruptes et méchantes, comme un procès-verbal. Sèches et sanglantes comme des reportages de guerre. La réalité l'emporte sur la fiction. Loué soit — ou mieux, qu'il soit grillé sur le barbecue de sa terrasse — celui qui a encore le temps d'écouter ses caprices alors que la presse et les journaux télévisés du soir nous assomment. Mon journal personnel s'appauvrit. Je reste sans voix. *L'Ange bleu &* Co me semble à des années-lumière et je vis moins sous pression. Je circule dans les sphères qui me comblent et que je comble. Je crée des concerts, chante sous ma propre direction, je fais des disques et je tourne dans le monde entier.

De retour à Berlin quelques mois plus tard, je me heurte partout à des gueules d'ours jaunes. Sur presque chaque tasse, chaque chaussette, chaque coupe de glace, chaque mur et chaque stand resplendit le symbole dictatorial. On ne peut pas faire autrement que de regarder ailleurs — plein de sympathie pour les fans qui ont droit à leur plaisir. S'il ne s'agissait que de plaisir, la vision aurait encore sa raison d'être. De même que ces chers investisseurs n'ont pas fait leur travail pendant la réunification, ils sursauteraient également si on leur demandait de payer. C'est donc nous à nouveau qui sommes pris à la gorge. Une ambiance de fête, différente, s'affiche et se développe. Des bâches furtives suggèrent un château hanté. Une manipulation de première catégorie. De même que l'on plante des électrodes dans la tête des singes, les citoyens hypnotisés se polarisent sur la sentimentalité impériale et l'esthétique architecturale qui lui sied. Au bout d'un certain temps, le cobaye modifie ses goûts en fonction de l'influence des images d'une fiction toujours répétée et, avec ce lavage de cerveau qui lui fait perdre son individualisme, il approuve n'importe quoi. Peut-être même ce château purulent qui se dresse devant le Palais de la République. « Du plastique froissé et du bruit, se moque l'ouvrier spécialiste du béton. Je ne construirai pas cette merde. Pour ça, il faut des fourmis. Qu'il la ferme, le baron Haussmann. Paris a pris les devants depuis longtemps. Pas la peine d'essayer de les égaler. Que le Roi-Soleil fasse encore longtemps de gros pets, mais pas devant notre porte. Basta ! »

Je trouve du réconfort dans ces rares moments de calme pendant lesquels on entend son propre étonnement et le sang circuler dans sa tête, pendant lesquels les enfants murmurent encore des contes de fées et se chuchotent des messages. Mais les moineaux de la cathédrale piaillent trop fort sur les toits du puzzle. Ils réveillent ainsi les pigeons qui érodent les monuments par leurs excréments et picorent les visages de pierre. Les pigeons et les prêtres : ils dévorent les subtilités. Ils sont plus rapides que le vent et plus efficaces que les pluies acides.

Au-dessus des bâches représentant le château, les corbeaux croassent. Que va-t-on y enterrer par un beau ou mauvais jour ? Combien de corbeaux vont y siéger ? Combien de peines seront ajournées à cause de ceci, de cela ou d'autres plaisanteries ? Le poète en moi est de très mauvaise humeur, sur son balcon, face aux cages à lapins si laides, sans vie et sans élégance, qui me fixent du regard, comme l'année dernière. Plus tard, sous le ciel gris-noir du soir, elles ouvrent leurs gueules et dévoilent, pleines d'ardeur, leurs intérieurs, offrent à l'obscurité leurs dents de lumières jaunes et brillantes, les font sortir et hurlent : «Nous sommes Berlin, vous nous avez créées, maintenant c'est nous qui vous créons. Nous vivons et nous nous battons, avec nos têtes de pierre en forme de boîtes, notre esprit des années 50 et notre difformité!»

Je continue de méditer; elles sont vraiment inimaginables, ces bêtes. Beaucoup de choses tombent du ciel : des anges et des illusions. Qu'est-ce qui pousse? Qu'est-ce qui germe? Des châteaux et des villages olympiques, des scènes pour comédies musicales et des faux jetons. Mais si, il reste un espoir : la satire politique et le théâtre de variété se mettent, de façon amusante, à cracher du venin, se font sangsues et tiques accrochées au derrière de la ville. Ça me fait très plaisir.

On achète du papier d'emballage doré.

Peu de temps après, je fais mes valises pour m'installer un certain temps à Paris. Enregistrements et répétitions m'attendent à nouveau. Je ne veux pas, comme je l'ai fait l'an passé, rester des semaines à l'hôtel. J'y ai dépensé des milliers de francs rien que pour le téléphone. Les hôtels n'éprouvent aucun scrupule à multiplier par dix le prix des communications. Je ne veux pas continuer à remplir leurs poches avec mon argent. Mais Paris est si beau qu'il me coupe parfois le souffle.

25

Qu'en dirait Brecht?

Têtes rondes et têtes pointues,
des têtes en béton et des culs en ciment.

Samedi 4 novembre 1989 a eu lieu à Berlin-Est
une manifestation pacifique à laquelle ont participé
cinq cent mille personnes. Beaucoup de représentants de la nouvelle opposition ont pris la parole.
Steffi Spira, actrice au Deutsches Theater, a récité
un poème. Je n'en croyais pas mes oreilles. «L'éloge
de la dialectique», extrait de *La Mère* de Bertolt
Brecht : «Celui qui vit encore ne doit pas dire :
jamais!» J'ai eu l'impression que l'auditoire s'est
d'abord méfié, puis il a écouté. A la fin, il y a eu des
applaudissements frénétiques. Tout était une question d'interprétation. George Orwell l'avait un jour
formulé de façon pertinente : «La liberté, c'est de
pouvoir dire aux gens ce qu'ils ne veulent pas
entendre. »
La liberté était rare en RDA avant l'automne
1989. C'est pour cela qu'il ne fallait pas sortir
Brecht à ce moment-là, les têtes étaient échauffées
par d'autres problèmes. Les gens osaient parler pour

la première fois depuis des décennies et, en criant ensemble, ils se libéraient de tout ce qu'ils avaient ingurgité et encaissé. Il n'y avait pas de place pour les idéologues et les donneurs de leçons. Les symboles de la RDA avaient été radicalement déboulonnés. La question était de savoir si Brecht, le classique que l'on joue et lit dans le monde entier, serait décapité dans son propre pays et à l'endroit où avait été fondé le Berliner Ensemble.

Bertolt Brecht était bien un symbole de la RDA. De son propre gré, mais aussi de façon abusive. Que se serait-il passé si la mort ne l'avait pas surpris en 1956? Avec la mentalité d'un requin, il aurait peut-être aiguisé son couteau et pris d'assaut le bureau politique.

Jusqu'à la fin de ses jours, Brecht a été un infatigable combattant au service du socialisme. Un socialisme progressiste, batailleur, vif et en mouvement. Débordant d'ironie, il a déclaré, en 1953, après le 17 juin : «Le peuple ne nous comprend plus, allez, choisissons un autre peuple.» A cette époque, il décrivait sa situation personnelle de cette façon : «Je suis d'une nature difficilement domptable. Je rejette avec colère l'autorité qui ne se fonde pas sur le respect de l'homme, et je ne peux considérer les lois visant à régler la vie de la communauté qu'en tant que propositions temporaires que l'on doit soumettre constamment au changement.»

Quatre ans plus tôt, Brecht avait quitté la Suisse pour revenir à Berlin-Est et «donner un nouvel élan au théâtre». A l'instigation de l'administration militaire soviétique et du Comité central du parti socialiste de RDA (SED), il avait été décidé de fonder un nouveau théâtre. Helene Weigel fut nommée directrice du Berliner Ensemble et Brecht, premier metteur en scène. Entre 1949 et 1953, le Berliner Ensemble a joué provisoirement au Deutsches Theater situé juste à côté, il a ensuite emménagé dans le Theater am Schiffbauerdamm dont la troupe s'est installée à la Volksbühne reconstruite sur la place Rosa-Luxemburg. Les premières représentations de *Puntila* et de *La Mère* ont tout à fait respecté l'esprit de Brecht, mais il se retenait encore dans ses mises en scène. L'idéal du «théâtre épique radical» n'était pas encore atteint. Plus tard, il a décidé de changer la mise en scène de *La Mère* afin de «rendre plus aimable l'Union soviétique à nos salariés, notre petite-bourgeoisie et nos intellectuels». Du «côté du prolétariat», Brecht s'est entendu reprocher que les nouvelles formes qu'il avait développées en opposition à l'esthétique bourgeoise ne correspondaient pas à celles qu'exigeait le nouveau contenu. Avec une diplomatie subtile, il a essayé, en 1951, d'expliquer dans une lettre adressée à Walter Ulbricht «le retard du grand public et des arts dans cette phase de renouveau». En même temps, il a néanmoins continué de faire évoluer son style.

A cause de l'escalade de la guerre froide et du danger de réarmement, Brecht a adressé, fin 1951, une lettre ouverte aux artistes et écrivains allemands. Il l'a envoyée aussi bien aux journaux de la RDA qu'à ceux de la RFA. Ses déclarations et ses demandes étaient claires : «Dans un pays qui a géré ses affaires dans l'unité pendant longtemps et que l'on a déchiré en deux par la force, il y a partout et toujours beaucoup de conflits à régler. Cela peut se faire de diverses façons. S'il y a des armées, cela se fera de façon belliciste. Au plus tard, au moment où le danger apparaît de voir des armées se constituer, un effort doit être fait à tout prix, dont l'objectif sera une réunification pacifique ; celle-ci, indépendamment des énormes avantages qu'elle apporte, règlera le conflit. En tant qu'écrivain, je m'adresse aux écrivains et aux artistes allemands pour qu'ils demandent à leurs élus d'intégrer dans les négociations souhaitées les propositions suivantes :

« 1. la liberté d'expression écrite à une exception près ;

« 2. la liberté d'expression théâtrale à une exception près ;

« 3. la liberté d'expression picturale à une exception près ;

« 4. la liberté d'expression musicale à une exception près ;

« 5. la liberté d'expression cinématographique à une exception près.

« L'exception : pas de liberté pour les écrits et objets d'art glorifiant la guerre ou prônant son caractère inévitable, ni pour ceux qui encouragent la xénophobie.

« La grande Carthage a mené trois guerres. Elle était encore très puissante après la première, encore habitable après la seconde. Elle avait disparu après la troisième. »

Les artistes d'Allemagne de l'Ouest ont critiqué Brecht pour son soutien à la politique du parti socialiste de RDA. Malgré l'ambivalence de son point de vue, Brecht, socialiste convaincu, ne pouvait réagir que de la manière suivante : « Je n'ai pas mes opinions parce que je suis ici, je suis ici parce que j'ai mes opinions. »

Il a critiqué les événements du 17 juin 1953 : « Le parti avait raison d'avoir peur, mais il n'avait pas besoin de désespérer. Après tous les développements de l'histoire, il ne pouvait en aucun cas compter sur le soutien spontané de la classe ouvrière. Il y avait des choses qui devaient s'accomplir dans certaines conditions, les conditions actuelles, sans l'accord des ouvriers, voire malgré leur opposition. Cependant, dans cette situation difficile se présentait la grande opportunité de gagner les ouvriers à la cause du Parti. C'est pourquoi, à mon avis, ce terrible 17 juin ne s'est pas révélé uniquement négatif. Au moment où j'ai vu le prolétariat à nouveau à la merci de son ennemi de classe — et rien ne peut me faire changer d'avis —, à savoir le capitalisme de l'époque du fascisme dans son nouvel essor, j'ai reconnu la seule force qui pouvait maîtriser la situation. »

Ce sont des paroles relativement macabres à propos d'une révolte ouvrière qui s'est terminée dans le sang. En 1955, lorsque Brecht a reçu le prix Staline de la paix, il a fait un discours qui, comme il le dit lui-même, décrit la paix dans le monde d'un point de vue socialiste, comme un hymne à « la position extraordinaire qu'occupent les peuples qui se sont battus pour une économie socialiste. Cet opportunisme face au régime et à l'Etat ne peut s'expliquer que par sa confiance inébranlable dans le socialisme comme seule forme valable et juste d'un Etat à venir.

Antonio Gramsci, fondateur du parti communiste italien, a affirmé qu'il était un pessimiste absolu dans ses idées et un optimiste évident dans ses actes.

De ce point de vue, on comprend le soutien de Brecht au Parti. Son optimisme était fondé sur la conviction que le monde évolue et que, à la fin du développement nécessaire et irréversible, le socialisme dans sa forme la plus pure l'emporterait. Des deux formes d'Etat opposées l'une à l'autre, Brecht a choisi celle qui lui correspondait et qui était potentiellement idéale, et ceci d'autant mieux qu'il croyait dur comme fer à la possibilité d'un consensus entre le peuple et le Parti. C'est pour cette raison qu'il met dans la bouche de Pelega Wlassowa, « La Mère », l'appel moral à l'espoir :

« Celui qui vit encore ne doit pas dire : JAMAIS !
Ce qui est assuré n'est pas sûr.
Les choses ne restent pas ce qu'elles sont.
Quand ceux qui règnent auront parlé,
Ceux sur qui ils régnaient parleront.
Qui donc ose dire jamais ?
De qui dépend que l'oppression demeure ?
De nous.
De qui dépend qu'elle soit brisée ? De nous.
Celui qui est abattu, qu'il se dresse !
Celui qui est perdu, qu'il lutte !
Celui qui a compris pourquoi il en est là, comment l'y maintenir ?
Les vaincus d'aujourd'hui seront les vainqueurs de demain.
Et JAMAIS devient : aujourd'hui. »

Tout s'est passé différemment. Il n'y a pas eu de contact, pas de communication, pas de progrès. Le SED en est resté à des formes dictatoriales et dynas-

175

tiques. Brecht n'avait pas prévu la mentalité bornée des membres du bureau politique, ni la Stasi et sa fonction de contrôle absolu du peuple.

Son théâtre également s'est mis au pas. Après la mort de Brecht, il n'y a plus eu de mises en scène révolutionnaires à l'affiche. Officiellement, la morale de Brecht et celle du Parti convergeaient. Mais l'esprit du changement et le combat pour le changement étaient morts. Les responsables des théâtres ne disaient rien. Le vieillissement de la culture allait de pair avec celui de Honecker. Pendant plus de trente ans, la morale et l'esthétique de Brecht ont été gelées et présentées, dans les théâtres et les écoles, comme l'emblème de la culture. On a contraint sa dialectique, avec toutes les libertés d'interprétation possible, à correspondre au schéma de Honecker : une vision unicolore et unilatérale du monde. Brecht a été transformé en propriété et objet de prestige. On était très fier qu'un «ressortissant de la RDA» soit joué dans tous les grands théâtres du monde. Gisela May avait le droit de sortir avec ses spectacles Brecht, qui portaient toujours la marque de la RDA, pour propager ce bien culturel dans le monde. Et, protégée et estimée, elle est toujours revenue au pays des ouvriers et des paysans.

En dehors de toute l'agressivité que l'on peut éprouver pour le non-respect des droits de l'Homme à l'Est, la critique sociale par Brecht de nos sociétés capitalistes reste étonnamment moderne. La dénonciation de l'oppression du capitalisme aurait cependant dû être adaptée au système socialiste contemporain. Les paraboles et allégories de Brecht sur la non-transparence et l'interconnexion entre le capital et la politique, la corruption et la cupidité, la jalousie, le racisme et le combat individuel étaient valables et le resteront. Seuls changeront les insignes sur le devant des casquettes. Le *Big Brother* de George Orwell s'est incarné, d'une part dans l'œil omniprésent de la Stasi, et, d'autre part, dans nos systèmes de contrôle informatisés. Deux *1984*! Deux réalités se regardent dans un miroir et ne discernent que l'ennemi. Ici, l'homme d'affaires est criminel; là-bas, c'est celui qui s'insurge. Et tous les deux vont voir Brecht au théâtre et se tapent sur les cuisses.

Brecht lui-même avait, sur certains points, une bonne dose de capitalisme dans les veines. D'après les informations de la fondation Weill de New York, il a toujours veillé à ce que ses royalties lui soient versées plus que correctement. Le plus souvent, il prenait 80 % pour les textes, laissant à un Kurt Weill trop bon les 20 % restant pour ses musiques géniales. Aujourd'hui, la querelle entre les héritiers de Brecht en RDA et la fondation Weill à New York bat son plein, officieusement bien sûr. Son héritier, Stefan Brecht, m'a adressé un avis « bienveillant » à propos de mes concerts de musique de Weill. Bien que seulement un tiers du programme soit composé de chansons dont Brecht a écrit les paroles, Stefan Brecht menaçait de me faire fredonner bouche fermée à l'avenir les chansons de Brecht si le spectacle n'était pas clairement annoncé sur les affiches en tant que programme Brecht-Weill.

26

Want to buy some illusions

En 1992, j'ai créé un spectacle musical intitulé *Want to buy some illusions* dans lequel j'ai interprété des chansons connues d'Edith Piaf et de Marlène Dietrich. C'était très osé. Trop de mythes, trop d'images se rattachaient à leurs mélodies et à leurs interprétations. Et le corbeau noir de *L'Ange bleu* becquetait encore pas mal sur mon épaule. Je n'avais pas envie de vénérer des icônes.

Edith Piaf est morte l'année de ma naissance, et je connaissais Marlène Dietrich par le cinéma et par un entretien téléphonique de deux heures que nous avions eu en 1987. Vivant à Paris, je lui avais écrit et elle m'a appelée. Le monument lointain s'est subitement transformé en être vivant. Elle s'exprimait comme si elle avait vingt-trois ans. Et elle parlait un dialecte berlinois plus prononcé que ce que j'ai pu entendre à Berlin. Elle était plus drôle encore et plus ironique que ce qu'elle ne le laissait paraître dans le film de Schell. Elle parlait beaucoup de son ancienne patrie. La nostalgie de Berlin ne l'avait jamais quittée. C'est pour cela que les événements des années 60 l'avaient blessée, lorsqu'elle s'était fait huer pendant les concerts et accuser d'avoir trahi son pays. Elle a dû lire, écrits en caractères gras sur des panneaux en carton : *Marlène, go home !* On ne lui avait pas pardonné d'avoir quitté l'Allemagne et de s'être alliée avec les Américains contre l'Allemagne nazie.

Pour moi, Marlène a créé une nouvelle image de la femme, image qui a gardé sa force d'attraction jusqu'à nos jours. Son regard désinvolte et provocateur, sa supériorité cynique, ses vêtements masculins et sa souveraineté lui donnaient un air androgyne. De plus, elle était la diva rayonnante, la déesse du cinéma, une femme fatale et, toujours, la danseuse et la prostituée. Les personnages qu'elle interprétait étaient souvent des êtres partagés qui échouaient à la fin. Sa supériorité l'a rendue inaccessible. Ainsi a-t-elle créé son propre mythe. Au cours des années, elle a cultivé et façonné son image pour en faire une icône. La Marlène austère et insolente de *L'Ange bleu* a totalement disparu. Est restée une femme qui se mettait en scène en calculant froidement ses effets.

Je me demande si c'est la peur de vieillir qui a transformé son visage en masque figé. Il y a quelques années, à Los Angeles, j'ai rencontré Billy Wilder qui m'a parlé de la vraie Marlène. Il m'a dit qu'au fond elle était une simple ménagère au grand cœur. Quand ils ont tourné ensemble, chaque jour elle lui portait au studio une soupe chaude et des sandwiches. Et parfois, elle passait des heures en tablier, dans sa cuisine, à préparer un repas pour toute la famille.

J'ai toujours été fascinée par sa voix grave et enfu-

179

mée. J'adore sa façon très personnelle de chanter.
Au téléphone, elle m'a expliqué comment elle l'avait
travaillée. Elle mettait toujours l'accent sur la syl-
labe inaccentuée. Elle prononçait les consonnes
avec un temps de retard. C'est ce qui lui a donné
ce charme si particulier. Marlène a toujours réussi
à s'entourer de secrets. Elle n'a jamais dévoilé son
intimité, même si on pouvait la deviner derrière ses
regards. Ainsi, elle n'a jamais été vulgaire. Dans
notre conversation, elle a souligné qu'il était important d'entretenir le mystère devant le public. Elle
m'a conseillé de ne jamais raconter ma vie privée ou
quotidienne aux journalistes. «Ils te sucent jusqu'à
la moelle et ils sont sans pitié.»

Piaf et Dietrich avaient peu de choses en commun. Elles se complétaient cependant d'une certaine façon. Il y a ces histoires théâtrales dans leurs
chansons, ces monologues de survivants, de per-
dantes, de blessés. Les chansons que Prévert, Mon-
not, Moustaki, Glanzberg, Kosma et beaucoup
d'autres écrites pour Edith Piaf, cette créature fragile au cœur à vif, donnaient des ailes à ma tenta-
tive de redécouvrir ce genre de théâtre musical. J'ai
choisi Bruno Fontaine comme directeur musical et,
curieuse et rebelle, je me suis avancée sur le terrain.
Je voulais actualiser les histoires et les situations en
les vivant sur la base d'un sentiment contemporain,
mais aussi d'une féminité intemporelle et univer-
selle, qui pourrait se transposer dans la jeunesse, la
vieillesse et dans les ruptures dans la vie. Cet objectif m'a contrainte à refuser les compromis, y compris quant à la tragédie de l'histoire.

J'ai pu me servir de tous les styles musicaux de notre siècle. Bruno, dans ses orchestrations, devait essayer d'exprimer mes idées ou, encore mieux, mon subconscient, pour faire culminer chaque mot et chaque note dans un paroxysme. Il y est parvenu de façon merveilleuse. Nous avons utilisé un quatuor à cordes, une contrebasse, des percussions et son piano. Le sujet était les grandes villes.

Dans des chansons comme «Embrasse-moi, Milord», «Rue Pigalle», «L'accordéoniste», «Rien de rien», «T'es beau, tu sais», sommeillait un profond espoir de sortir de l'impasse. Chacune était une «voix humaine». Les textes d'Erich Fried, Paul Celan, Joseph Brodsky et Kurt Tucholsky devaient créer des transitions et des ruptures à l'intérieur de cette série de chansons. Nous expérimentions de nouvelles voies. «La fugue de la mort», le poème de Paul Celan, «La mort est un maître en Allemagne», devait définitivement donner une connotation guerrière à «Lili Marleen», et «Paradis perdu» d'Erich Fried devait souligner le déracinement des personnages de Prévert. Ces illusions de seconde main, ces petits ballons misérables, vénaux et frauduleux, dont parle Friedrich Holländer dans son texte, évoquent les soupirs de la vie et cette «*Touch of Paradise*», *second hand.*

Avec Bruno au piano et la psychologie subtile des cordes, les quatre «camardes» qui jouaient dans mon dos, le chemin du théâtre était tout tracé. Les frontières entre la langue et la musique, le silence et le son, s'estompaient.

J'adorais ce spectacle de chansons, je l'ai vécu

181

pleinement. Je n'avais jamais tenté auparavant l'expérience de cette forme de théâtre musical. Je pense avoir atteint mon objectif, qui était de développer l'aspect théâtral du spectacle Kurt Weill. La simplicité de cette soirée voix-piano et l'histoire que j'avais essayé de raconter en étaient les fondements. Et je n'aurais pas réussi cette avancée, je n'aurais pas découvert tout cela sans la complicité de Bruno Fontaine.

En tant qu'Allemande, j'ai été très honorée de recevoir le prix du disque français décerné par l'Académie Charles Cros, car j'avais quand même osé m'approprier un bien culturel français. L'histoire allemande n'est pas facile à porter en France. Il y a tant de préjugés ancrés dans les esprits, des préjugés parfois aussi grotesques que drôles. Le fait d'être une garce un tant soit peu exotique et pas complètement laide, originaire de cette terrible Allemagne, m'a certainement un peu aidée. Mais surtout, je suis pleine de vie et imprévisible, ce à quoi on ne s'attend pas de la part des Allemands si graves. Les remarques comme : «Dis donc, tu es vraiment trop folle pour être allemande!» m'amusaient beaucoup.

27

Les mains pleines
de térébenthine

Vivre des situations en accéléré sur la scène. Le caractère éphémère des moments que l'on voulait pourtant comprendre dans leur intemporalité. Impossible d'arrêter l'image du fil de l'histoire, la suite des formes et des couleurs, d'attraper les écrans de l'âme. On parvient beaucoup trop rarement à retenir quelque chose dans l'étreinte, même la musique s'en va, en courant ou lentement. Et qui cherche à surprendre l'éphémère par des répétitions quotidiennes se rend simplement compte, comme Sisyphe, qu'il est la victime d'une chevauchée unidimensionnelle dans le temps. La scène du théâtre est condamnée à mourir après l'événement.

Aussi, l'image peinte est-elle un petit triomphe sarcastique sur le rythme imposé par le jour et la nuit. Un accouchement composé de poussées de couleurs, de mains, de mouvements de doigts et de pinceaux, de traits, de coups dans l'agression, de pression, de nécessité, de destruction, de tendresse et de sollicitude. Des fois, on lisse l'âme du monde par des couleurs pastel, sans obstacles, et d'autres

183

fois, on la perce avec une nervosité indifférente, capricieuse et masochiste, tout juste à la limite du supportable, avant de sortir ses griffes. Comme si l'on savourait un doux entremets à la vanille ou si l'on mettait délibérément trop de sel dans la soupe, pour que le feu jaillisse par les doigts, le nez, la peau et les yeux.

La rencontre avec le géant blanc, avec le vide de l'oubli, est une drogue dont les effets changent à chaque heure. L'idée d'un sujet te fixe comme un cafard minuscule, une pure banalité, puis comme l'ennui d'un espace bidimensionnel, elle passe ensuite par des phases de mauvais rêve, se transforme en viol de couleur, en sourire ironique se moquant de ton imagination prête à tout, ou en frimeur stupide, devient la plus belle fée des abandonnés, une déformation de l'agréable, s'extériorise sous la forme d'un sexe mordant et se fige ensuite sous la forme d'un érotisme feulant, de moments de peur ou d'incubateurs de l'imaginaire. Les visions s'entassent dans le désordre de couches d'huile ou se dénouent en prenant des formes géométriques et des silhouettes précises pour devenir d'autres histoires. Soit tout arrive à trouver un équilibre, soit tout t'explose au visage, balayant tes bonnes intentions. Peu importe le résultat, on ne peut pas y échapper.

Les cordes vocales sont ainsi mises hors service. Pas un mot, pas de souci quant au bon fonctionnement des extrémités ou d'un quelconque organe. Dans le silence, croquis et fusain servent souvent de loupe à la concentration.

Enfin l'huile. Enfin s'établir dans un endroit pendant quelques mois, vivre dans un appartement et non plus dans des valises. Dormir toutes les nuits dans une odeur forte de térébenthine et de peinture, se réveiller avec une conjonctivite, l'imagination en feu. Se réveiller dans la même pièce et surtout ne pas regarder les tableaux, car ils sont plus forts que le rêve.

Passer des heures à agiter un pinceau, à vagabonder parmi des essais de formes et de couleurs, la peinture dans des pots de yaourt et des boîtes de conserve, le tapis maculé et toujours cette odeur caustique et hypnotique. Je suis une bouteille de térébenthine ambulante.

La peau complètement barbouillée, tous les soirs gratter douloureusement pour ne pas paraître sur scène tel un ange tacheté et moucheté, moi qui suis déjà une brebis galeuse.

Et vite me couvrir à nouveau de taches colorées après la représentation. Je les préfère au clinquant des peaux nues et aux sabots sombres des sorcières.

Comment vais-je survivre trois semaines et demie au Schauspielhaus à Hambourg sans peindre? Je demande un appartement à proximité du théâtre dans l'espoir de pouvoir m'y livrer à ma passion. On m'assure qu'il sera assez spacieux. Le propriétaire, une calamité, m'accueille avec des flashes de Polaroïd et des bavardages sans fin. Pendant plusieurs heures, j'ai seulement le droit de rembobiner le fil de ses longues phrases. L'appartement fait trente mètres carrés, il est sombre, bref, un trou; en plus l'«Enormorateur» ronfle à côté. Désespérée et légèrement têtue, je m'en sors avec le sourire en m'installant à l'hôtel. Je sais que les discussions vont être

185

pénibles et l'addition salée pour le théâtre. Cependant, je brûle de prendre ce risque, mais je rate mon coup parce que j'apprendrai plus tard que je dois payer de ma poche la moitié du prix.

Je reste néanmoins à l'hôtel. Je visite tout de suite la salle de bains, j'évalue les dimensions de la pièce et j'achète des toiles. Peindre, jour et nuit, m'interrompre uniquement pour les représentations et pendant de courtes phases de sommeil. Les hôteliers me jettent des regards méfiants. Le tapis, la salle de bains, le carrelage, les évacuations d'eau, tout est sale malgré mes efforts pour nettoyer. Finalement, ils me supportent dans l'humour et le calme. Personne ne se révolte, seule l'odeur pestilentielle est révoltante.

28

Dans la toile d'araignée

Ma fébrilité et mes histoires lumineuses d'enfant me surprennent moi-même.

Ma passion pour cette activité solitaire colle à moi comme l'insecte à la toile d'araignée et je tisse les fils de plus en plus étroitement et en remontant de plus en plus loin.

29

Le tic-tac de l'inquiétude

La surface blanche m'observe curieusement. Le vide et le froid de cette chose incolore supplient l'œil de l'imagination. La nudité cruelle des deux dimensions demande à devenir corporelle et dynamique. Des structures, des contours, des vallées et des jeux d'ombre et de lumière s'ouvrent. Dans la tête, sur le blanc. L'espace façonne l'imagination qui façonne l'espace. Il y a une épine dans l'espace. Cette épine blesse l'homme qui se trouve dans l'espace. L'homme vit, donc m'intéresse. Il me parle de mon propre intérêt. Ses tendons relient ma curiosité à son histoire que je voudrais composer.

L'isolement dans l'ensemble et l'ensemble dans l'isolement. La solitude devient une contrainte, l'expression de l'harmonie et de la rupture. Se tenir droit est un mouvement de silence et d'immobilisme. Les croquis deviennent des idées, puis se transforment à nouveau en croquis de ces nouvelles idées. La couleur commence à jouer. Les surprises donnent des impulsions. Les couleurs avivent la concentration et l'affirmation, les repères de l'expérience se disputent le pouvoir.

Le corps qui peint danse le mouvement que le pinceau choisit de danser. Ce dernier se prélasse dans l'huile, griffonne la matière, adore le hasard et n'arrête pas d'inventer de nouvelles vérités là où il en existait déjà.

L'imagination se baigne de stupéfaction. Une symphonie se compose et se détruit dans son processus de construction. A la fin, reste le dernier ensemble, la dernière note en laquelle se résume le tout. Le passé se perd dans l'espace et raconte des bribes d'histoire.

Le pinceau respire au rythme de la musique qui crache la bataille et la paix sans rien dire. Les gens ont des corps, des cratères, des langues, des peaux écorchées et soit la force des ressorts d'un trampoline, soit la transparence des embryons ou des mourants.

La scène est obligée de vivre sur la toile, d'être énigmatique, elle s'expose à l'arbitraire de l'interprétation. Le pinceau continue de battre dans la fièvre de la recherche de ce que l'œil devine au centre. *Andante* et *allegro* travaillent main dans la main. Tout est couvert par le royaume ombrageux des coins. Les touches de neige couronnent et rendent les seins plus abondants, et la peur plus craintive.

Encore une fois les accents changent.

Tout cela n'est rien. Uniquement un bout de temps dans le temps. Les aiguilles s'arrêtent, se figent et trompent le tic-tac de l'inquiétude par des horizons et des cris.

30

La fin de la tolérance

L'homme prend, mais il est doté de la capacité de donner. L'esprit, enfermé dans le corps, devrait au moins l'apprendre.

Il était une fois le désir primitif, le plus pur et le plus fondamental, porté en soi dans l'intimité et célébré en cachette, comme une névrose subtile.

Il a perdu sa force. Et avec lui, le morceau d'apesanteur.

Les yeux essorés, accusateurs, se regardent sans expression :

Qui est responsable ?

Qui a quitté l'espace ?

Qui respire autrement ?

Un autre lambeau d'enfance se déchire.

31

Ça

File entre les doigts
ce que l'on a porté
dans le creux de ses mains,
ce que l'on a sacrifié
file dans le quotidien,
se liquéfie,
s'évapore,
s'envole
vers le sud
où il fait plus chaud,
part d'ici
se fige
en plein mouvement
dans la chute,
mort,
cesse de croire
en

32

Barbara et John

J'ai fait la connaissance de Barbara et John James, deux Américains, lors de ma tournée aux Etats-Unis en 1988. Ce fut une période de travail intense et fatigante qui a duré un an. Barbara assistait Greg Burge à la chorégraphie, John était le premier danseur du groupe. Ils se connaissaient depuis cinq ans à l'époque et s'étaient mariés deux ans auparavant.

Barbara était une artiste extrêmement vive, engagée, drôle et pleine d'entrain, une artiste qui travaillait dur. Elle avait une volonté inlassable et l'ambition de nous faire travailler jusqu'à ce que tous les pas soient sûrs et parfaits d'un point de vue esthétique.

Par sa stature, John ressemblait plutôt à un clown dansant qui maîtrisait aussi des acrobaties variées. Chaque jour, il nous surprenait par des sauts périlleux et de drôles de galipettes.

Ensemble, ils formaient un couple unique qui s'aimait avec passion et ils ne pouvaient se séparer plus d'une seconde. Un jour, avec Barbara, nous avons dû partir en Norvège pour un spectacle à la télévision. Ces vingt-quatre heures leur ont été réellement insupportables.

Avant d'épouser Barbara, John avait eu un passé homosexuel. Lorsqu'il a connu cette femme aux allures de garçon, forte et mignonne, il a clos ce chapitre et appris à se consacrer pleinement à elle. Il était fidèle et l'aimait sans compromis. Ils voulaient avoir des enfants. Ils parlaient souvent de leur intention de vivre en famille. Et, pour permettre aux enfants de grandir dans un environnement plus sain, ils voulaient quitter New York et s'installer à Los Angeles.

Je les ai revus en 1989 à Los Angeles. Nous sommes allés déjeuner ensemble et ils ont parlé avec enthousiasme de leur nouvelle maison. Barbara faisait la chorégraphie de quelques productions de cinéma et John dansait dans des vidéoclips musicaux, notamment *Bad* de Michael Jackson. Ils gagnaient tous les deux leur vie et parlaient à nouveau d'enfants.

Une année plus tard, je les ai encore revus lors d'un dîner à Los Angeles. Barbara avait pris un poste de secrétaire parce que l'argent gagné avec le cinéma ne suffisait plus. J'avais remarqué qu'elle était incroyablement belle. Sa peau semblait de la porcelaine transparente. Sa chevelure noire flattait de façon mystérieuse son visage transfiguré. Elle avait quelque chose de sain. Enthousiaste, je lui ai dit combien elle me paraissait pure et belle et elle m'a répondu en riant : « *Oh, I had a facial.* » Une visite chez l'esthéticienne l'aurait donc fait rayonner à ce point?

Mais j'avais remarqué également une étrange tristesse. Comme si son âme en peine avait fait fleurir sa beauté, pensais-je. John était «cool», comme d'habitude.

C'est la dernière fois que nous nous sommes vus.

A l'automne de l'année suivante, en 1991, mon agent à Los Angeles m'a dit qu'il avait lu le faire-part du décès d'une certaine Barbara James. Il m'était impossible d'imaginer qu'il soit arrivé malheur à cette femme pleine de vie : j'ai supposé qu'il s'agissait d'une homonymie. Mais l'annonce indiquait sa profession ainsi que des films sur lesquels Barbara avait effectivement travaillé. J'ai composé le numéro qu'elle m'avait donné lors de notre dernière rencontre. John a décroché. «Cool», en professionnel du show-business, il a dégainé la formule de bienvenue habituelle : «*Hey, how are you? Great to hear from you.*» Mais il n'a pas réussi à dissimuler sa voix cassée et affaiblie.

Il m'a raconté ce qui s'était passé et, au fur et à mesure, sa voix est devenue de moins en moins forte, de plus en plus lente. Ce n'était pas la première fois qu'il le racontait. Aussi pouvait-il donner l'impression d'être étonnamment détaché, presque joyeux. Barbara avait eu une crise d'apoplexie pendant le réveillon du nouvel an. Elle a ensuite été victime d'une hémiplégie pendant de longues semaines et a dû se soumettre à des investigations douloureuses pour que soit décelée l'origine du mal.

De bons amis m'ont dit ce que John m'avait

caché : tous deux étaient séropositifs. On ignorait depuis combien de temps ils le savaient. Je pense qu'ils étaient au courant depuis des années. Ils le savaient certainement déjà lorsque nous nous sommes rencontrés en 1988.

J'ai été frappée par cet amour incroyable qui les a soudés pendant toutes ces années et qui leur faisait accepter le destin. Apparemment, John avait contracté la maladie bien avant elle et l'avait contaminée. Elle le savait. Son amour pour lui avait été plus fort que la peur de la mort.

Je ne saurais donner les détails de cette passion surhumaine et forte qu'ils se vouaient l'un à l'autre. Dans cette histoire, la conviction tragique mais humaine de *tout* donner pour l'amour — y compris sa propre vie — m'a frappée profondément. Elle relativisait tout, même le sida, et élevait l'homme et son amour vers la toute-puissance et la grandeur d'âme.

Mourir pour quelqu'un ou avec quelqu'un par amour est certainement la chose la plus digne et la plus énigmatique dont l'homme soit capable. En même temps, cela souligne l'aspect tragique de la capacité humaine d'aimer : l'amour veille devant la vie, crée une nouvelle vie, trône au-dessus du chemin de la vie en tant qu'aspiration, idéal rarement atteint, puis il accompagne la descente vers la mort.

La boucle est bouclée autour de cette idée que je voyais flamboyer dans le cas de Barbara et de John. Combien de fois oublions-nous dans le quotidien, face aux banalités et aux contacts rapides, ces éléments parfaits et simples de l'existence.

«Les médecins ont décelé une tumeur au cerveau, Barbara devait être traitée par des médicaments», m'a raconté John, toujours étonnamment en forme, mais pas convaincant du tout dans ce rôle.

Par ailleurs, je le sentais extrêmement faible et brisé. On avait certainement déjà supposé l'inutilité d'une chimiothérapie. Le traitement a provoqué des effets secondaires de paralysie et Barbara a pris environ 20 kg à cause des stéroïdes. Ils ne sont pas parvenus à enrayer la tumeur. Entre-temps, John a dû se faire hospitaliser car il présentait les premiers symptomes du sida. Des poussées de fièvre et des infections lui ont fait perdre de nombreux kilos. Barbara est morte cinq mois plus tard, dans des douleurs insupportables, m'a raconté John. C'était la meilleure chose pour elle, a-t-il conclu. Il m'a dit qu'il allait bien, ou plutôt qu'il était «OK» et qu'il avait surmonté tout ça. «*That's life.*» Il faut bien que la vie continue. Il a terminé notre conversation téléphonique avec un optimisme qui sonnait faux.

C'était un adieu définitif.

Je les porte tous deux dans mon cœur.

33

Le sida

Une fois de plus, un proche me parle d'un ami commun emporté par le sida. Il me raconte les visites quotidiennes à l'hôpital, le lent recul de la vie, le dépérissement et le renoncement progressifs. Ni les cachets, ni les transfusions, ni les analyses douloureuses ne parviennent à rendre l'optimisme. Une forte fièvre enlève aux sens leur vigilance. La voix s'affaiblit comme si elle avait cessé d'être un moyen de communication. L'homme attend la mort comme une délivrance et se glisse entre ses bras sans protester.

Les gens qui veillent et se battent au chevet des malades du sida méritent le plus grand respect. Ils devraient rendre compte de la vérité sur cette maladie.

Le sida demeure l'œuvre du diable aux yeux de la plupart des gens. Ceux qui ont été contaminés par transfusion ne rentrent pas dans ce schéma, mais leur existence tragique en tant que victimes innocentes attise la haine contre les grands coupables : les homosexuels et les gens du tiers-monde. Le sida est proscrit par la société au nom de Dieu comme l'étaient au Moyen Age les possédés. Le sida, c'est les bas-fonds, les tabous, le dégoût, et il mérite son châtiment. Le sida, c'est l'excès homosexuel, et plus généralement sexuel, la perversité et la débauche. Le sida, c'est, paraît-il, l'athéisme sous une forme brutale et hérétique. Le sida, c'est le rebut de l'humanité.

Nos sociétés occidentales et chrétiennes ont accueilli la maladie à bras ouverts, comme un signe envoyé du ciel, et l'ont inscrite sur le registre des punitions et marques d'infériorité. Pour l'opinion, contrairement à ce qui se passe pour le cancer, le malade du sida assume toute la responsabilité. L'excès est un délit. Hypocrite, on proclame le retour aux valeurs morales qui ont pour noms famille et fidélité, sans se soucier du fait que beaucoup de ceux qui les prônent fréquentent les maisons closes. Deux poids et deux mesures !

Le sida marche très bien avec la théorie de l'évolution. Cette «mesure évolutive» — *survival of the fittest* — sera bientôt mentionnée dans nos manuels scolaires pour enseigner aux futures générations le bien et le mal, et les mesures nécessaires prises par la culture et la nature.

Pour ceux qui sont concernés, tout change radicalement le jour où ils apprennent qu'ils sont séropositifs. La peur de porter le mot «sida» sur le visage, comme un stigmate, comme la marque de Caïn, envahit et paralyse leur existence. Tous les jours, ils regardent en face la réalité nue et immuable, une réalité sans avenir. La peur des premiers symptômes est constante. Leur vie : l'insécu-

rité du lendemain, la peur des douleurs et du dépérissement, de l'isolement, la certitude d'être porteur
du virus, donc de pouvoir contaminer, l'espoir en
des miracles médicaux, les phases de convalescence
et de méchantes rechutes fracassantes. Leur désir
unique : se réveiller un matin et constater qu'il ne
s'agissait que d'un mauvais rêve. C'est ainsi qu'ils
se meurent parmi nous, longtemps avant de mourir
physiquement, dans ce pays des bûchers et des
piquets de torture.

Je garde de certains de mes amis un souvenir
vivant et plein de musique, qui fait que je les crois
toujours en vie alors qu'ils sont morts depuis
quelques années déjà. Je suis surprise par mon inca-
pacité d'accepter la mort comme une vérité lorsqu'elle frappe mon proche entourage. Ou bien peut-
être est-ce l'esprit vivant de ces souvenirs qui
continue à vaciller dans ma vie, immortel et indélé-
bile ? Les ultimes visites et coups de téléphone sont
toujours présents, bien qu'ils soient repoussés
inconsciemment dans les coins et recoins de la vie
quotidienne.

Les impressions morbides laissées par ceux qui
ont aimé la vie, leurs voix épuisées, leurs visages aux
joues creuses et marquées par la mort, les larmes
silencieuses et les gestes ralentis. Leur vie, qui a
commencé par un cri, s'est terminée dans un gémis-
sement.

34

Heure de consultation

Les symptômes psychosomatiques n'existent pas,
dit le médecin dont le côté droit du visage est agité
de tics.

Le neurologue dissèque, malgré lui, les dendrites ;
le psychothérapeute représente l'alternative mépri-
sée au guérisseur ; les phytothérapeutes et les
homéopathes se retrouvent aux sabbats des sorcières, les orthopédistes renvoient à la médecine
interne qui renvoie aux otorhinos, puis aux gynéco-
logues, aux psychologues, aux stomatologues, qui
ne parviennent pas à prendre au sérieux les dentistes
ordinaires, mais dont ils envient les revenus, évitent
les spécialistes des glandes thyroïdes, ne supportent
pas les radiologues, font du chantage aux squelet-
tologues, haïssent tous les sexologues, à l'exception
du docteur Ruth, parce qu'elle, au moins, elle est
amusante, subornent ceux qui ramassent les bonnes
herbes ; les thérapeutes s'auto-analysent et s'analy-
sent mutuellement en ayant, en fait, besoin d'un
sexologue, mais la communication et la coordina-
tion entre les espèces dérivées très loin les unes des
autres n'existent que sur une autre planète.

Quelque part, on sait que l'âme, avec un certain entraînement, renforce le corps et améliore les chances de guérison.

Les traiteurs, pardon : les traitants, regardent-ils leurs malades droit dans les yeux ? Et à travers les yeux, dans l'âme, dans les troubles de ces personnalités avec leurs contorsions et leurs enchevêtrements bien plus compliqués que le labyrinthe des intestins ?

Ils restent penchés sur leurs notes et leurs tableaux pleins de données, de valeurs, de chiffres et de statistiques. Ils se retranchent derrière ces grilles et lancent : A demain. Ça va s'arranger. Parfois, ils regardent, interdits, une langue chargée ou une blessure qui n'en finit pas de suppurer en exprimant professionnellement leurs regrets que le traitement n'ait pas eu de résultat. Ils feuillettent leur registre, à la recherche d'un autre traitement chimique, et vous garantissent une amélioration dès la prochaine torture. Ils amputent, coupent, déversent des drogues dans l'œsophage et dans les veines ligaturées. Ces docteurs Frankenstein recousent les organes jusqu'à saigner des doigts et à se faire des couilles en or. Ils insufflent leur aura divine dans le système lymphatique à l'aide de bâillons et de reliquaires. La chirurgie esthétique, les transplantations et les opérations génétiques sont les stars de cette fin de siècle et les mythes vivants des salles d'opération, des publications et du monde scientifique.

Le mauvais goût de la biographie du professeur Barnard ne m'a pas surprise. Si l'esprit et l'âme ne rentrent plus dans la quadrature du commandement

201

cérébral, les actions de contrôle deviennent incontrôlables.

Le traitant devrait être traité.

En Allemagne notamment, l'analyse réduit les phénomènes à néant et abaisse les dissidents au rang de charlatans. Un rapport entre les choses, les hommes et le mystère, ainsi qu'entre la maladie organique et la psyché, est exclu, puisque illégal.

Vive la boucherie.

On serre les fesses pour que ça roule.

35

Du bétail à engraisser

Tous les six mois, j'ai la ferme intention de devenir végétarienne. Je lis divers articles sur les
méthodes d'élevage et d'abattage des pauvres
volailles, cochons et bœufs. Ces vérités sont si
cruelles que chaque bouchée de viande me reste en
travers de la gorge. S'ensuivent deux à trois mois
sans viande pendant lesquels je suis contente. Mais
mon côté carnivore devient fou dès qu'il voit un
beefsteak cuire dans une poêle. L'odeur le fait sali-
ver et tout recommence. D'abord, de façon inno-
cente, une cuisse de poulet grillée ; ensuite, une
tranche de jambon ourlée de gras — si je ne regarde
pas —, pour terminer avec un romsteck. Il ne parvient pas à se retenir. Dieu merci, il n'est pas encore
passé à la viande humaine. La lecture des lignes qui
vont suivre me donne envie de vomir et j'espère que
le carnivore perdra définitivement l'appétit. Plus
jamais de rechutes, s'il vous plaît !

Un élevage intensif à l'extrême, qui engraisse
savoureusement
    et rend malade comme la peste

la viande pourrie, moisie, devient bleue,
sulfonamide, catalyseurs du métabolisme,
produits psychopharmacologiques
antibiotiques, clenbutérol (anabolisants),
des trous dans le cerveau, des danses de folie
des vaches crevant enragées
des queues cassées et tordues
la mangeaille intoxiquée par les pesticides,
salmonelles et fongicides
la peau trouée par les chaînes et les fourches
des morceaux de métal dans le cul,
des os fracturés
des coups sur les testicules
des procédés pour tuer.
Des croissances artificiellement poussées.
Vidée de son sang à vif, bouillie à vif
infectée par des bactéries fécales
staphylocoques
la viande puante, verte
muqueuse, poisseuse,
des cocktails d'hormones, la fiente d'oiseaux,
la marchandise de haute chimie
pourrie sur le comptoir
des cochons, des veaux et des bœufs mutilés
des fibres rongées, des poisons qui détruisent
les cellules
des particules noires et vertes
des myriades de microbes.
Que l'on mange les bains de sang des tortures
des tranquillisants, des boulons
et des fils métalliques
dans les têtes et les corps tremblants
des peaux de crâne déchirées,

Du bétail à engraisser

des bilans de transport
des ventres contusionnés,
des couennes de douleur
des matières détruisant la moelle épinière,
des crises cardiaques
suite aux tortures de l'abattage,
des talents meurtriers
durcis par la barbarie et la violence
des massacres sanglants, des brasseurs d'affaires
du carnage
tuer dure deux secondes
prendre plus de temps n'est pas rentable,
même ceux qui bougent encore
seront éventrés, et
ceux qui grognent embrochés
ceux qui râlent encore seront piqués, transpercés
écorchés
décapités
estampillés, entreposés dans des
camions-cercueils
fosses communes
entassés sur les sols crasseux et graisseux
parmi les rats et le dégueulis
la rouille et l'ammoniaque
empaquetés par portions
gluants et couverts de sueur.
Des morceaux de cochon crevé seront servis
du bétail lamentablement torturé et crevé
allez, ajoutez l'oignon et le poivre
traitez en mettant du piment
pour les goûts pourris
avale, enfant
avale, femme enceinte

205

pour remplir les hôpitaux
spécialisés dans le cancer.
Et la transplantation de la manipulation
génétique
du cochon à l'homme
n'est plus un pas de géant.
On trouvera la juste maîtrise scientifique
du problème,
dit le professeur de biologie à ma fille.
Elle a treize ans et veut que le bébé
qu'elle élèvera
à l'extérieur de l'utérus dans la vitrine du salon
ait des yeux bleus.
Rentre tes canines dans la viande verte.
Même le tigre a reculé,
mais toi, tu peux.
Toi, animal humain
moisi, piqué, empoisonné,
tu partages le destin de chaque animal.

36

Les femmes

Le vieillissement de la femme célèbre face aux paparazzi et à la télévision — flétrir en public, en fait — ne m'intéresse pas. Un beau teint de pêche bien ronde n'a jamais été, à mes yeux, un canon de beauté. Je préfère de loin les individualistes pleins de rides, originaux et fous. La dame qui vend sa beauté ordinaire à la masse des téléspectateurs commercialise un produit qui dégénère au fil du temps, lentement mais sûrement. Au regard de la contrainte des taux d'audience, le mûrissement n'a pas le droit d'être.

Dans la succession des phases de la vie, je pense qu'au fil de ses métamorphoses la femme développe émancipation et dignité, et — quand elle le veut — une distanciation par rapport à une séduction soumise à l'appréciation masculine. Il y a beaucoup plus de femmes qui acceptent une beauté hors des canons habituels, mais personnelle, que d'hommes qui s'écartent de leurs désirs juvéniles de flirt et de sexe. Avant de s'intéresser aux femmes difficiles, compliquées ou pas tape-à-l'œil, ils se tournent toujours en premier vers un beau cul en minijupe ou une chevelure blonde. Par ailleurs, il me semble que les hommes n'apprennent pas grand-chose à l'école de la vie parce qu'ils ne reçoivent guère de leçons de ce monde régi par leur sexe.

Des femmes gagnent des procès pour harcèlement sexuel, alors qu'elles cultivent leur image d'objet du désir.

On rend appétissants comme un soufflé aux cerises les programmes télévisés et les films, les produits publicitaires ou la haute couture. On se retrouve devant des bouches rouges et des poitrines enjôleuses efficacement rembourrées, un miroir lisse, des perversités artificielles inventées selon un schéma psychologique banal, nues, effrontées et stimulant le marché. De nombreuses femmes acceptent de se prêter à ce cirque doucereux et se laissent entraîner vers les chaînes télévisées, les images ou le grand écran, fières, cupides et insolentes.

La donne n'est pas bonne! Après quelques années de belle vie, quelques rides de sagesse et quelques caprices, elles se voient menacées de renvoi, au plus tard au moment où une plus jeune et une plus délurée frappe à la porte. Celle qui met sa façade sur le marché et la commercialise devrait remercier le hasard que cela ait déjà duré si longtemps.

Qu'en est-il de ces camarades du même sexe, rapaces assoiffés de gloire et d'argent, qui entravent et rendent caduques la dignité et la longue lutte de la femme pour l'émancipation et la dénonciation de la dictature masculine?

Sur nos marchés, tout est marchandise. Y compris la beauté, la jeunesse, le talent. Chacun et chacune veut et doit vendre, s'il veut survivre, ce que d'autres acceptent de lui acheter. Ce n'est pas cette démarche qui est un délit, mais le dépassement des limites. Qui définit la dignité ? L'argent ou la culture ? Ou bien faut-il considérer que c'est la même chose ?

Tous les jours, la violence politique s'exprime contre les femmes. Le jeu du pouvoir, dans cette société masculine immorale, culmine dans le paragraphe 218 de la loi allemande. Celui-ci confère une place archaïque à la femme, la réduisant à procréer et à tenir la maison. Dans ce pays, il n'est pas facile d'assumer en même temps maternité et profession. Les places dans les crèches sont aussi rares que le soutien de l'Etat qui, de toute façon, n'est pas favorable aux enfants. Ceux-ci ne servent à rien, ne représentent pas un pouvoir d'achat et ne font que du bruit. Les mères élevant leurs enfants seules sont souvent désespérément surmenées — et il doit certainement en être ainsi, car elles ne répondent pas aux exigences de la politique conservatrice. La femme doit tout d'abord servir la philosophie de l'Etat en abandonnant sa dignité et sa liberté. Comme c'est souvent le cas dans l'histoire, elle devient la servante de l'Etat et de l'homme. Au lieu de la privilégier et de la respecter en tant que mère, on la met sous tutelle.

C'est bien pour cela que nous vivons dans une démocratie masculine.

37

Les hommes

Le sujet a déjà été traité en long, en large et en travers. Ces irréductibles sont notre destin, peut-être pas notre destin individuel, mais bien celui de l'histoire mondiale tachée de sang. L'homme est une bien pauvre créature. Il n'a pas de centre en lui, ni la sphère du monde, de la vie ou de l'amour. Et, en sauterelle qui n'embrasse jamais, en petit électron vibrant, il recherche inlassablement ces dimensions toute sa vie. La côte qu'on lui a ôtée un jour manque toujours à sa personnalité. Son comportement est facilement prévisible et stéréotypé, à quelques grandioses exceptions près. Parfois, il nous donne l'impression de sortir d'une bande dessinée.

Cela ressemble à un coup monté. S'il vous plaît, ne pensez pas que, pour moi, l'homme est une erreur du développement génétique et que j'aurais aimé condamner cet amas d'horreur mutante à l'extinction. Non, non, ce n'est pas tout à fait ce que je voulais dire. Ce serait terriblement ennuyeux de condamner tous les spécimens divers et variés de cette espèce : les chauves, les gros, les desséchés, les ondulés, les ébouriffés, les minces, les poilus,

les braves, les progressistes, les snobs, les vainqueurs, les dominants, les soumis, les jaseurs, les
retenus, les timides, les fous, les conteurs, les silencieux, les refouleurs, les bousculeurs, les harceleurs,
les penseurs, les faiseurs, les remetteurs à plus
tard, les incertains, les charmeurs, les intelligents,
les modestes, les drôles, les crâneurs, les doux, les
galants, les généreux, les sages, les pantouflards,
les bavards, les gamins, etc.

Je porte en moi quelque chose qui revient de
façon inéluctable. Ça me prend de temps en temps,
anéantissant le principe de la haine des hommes.
Oui, je l'avoue : je peux aimer un homme parce qu'il
est désespérément homme. Je suis prise en flagrant
délit. Je fonds comme neige au soleil s'il croise négligemment ses jambes, s'il sourit effrontément, s'il
m'assène, fou de rage, mes quatre vérités, s'il me
prend dans ses bras, s'il rêve ou parle comme un
petit garçon, s'il bégaie ou doute de lui. Je n'y peux
rien : je le trouve incroyablement sexy même quand
il fait le macho ou, comme un poltron, a du mal à
parler. Je peux vivre avec ses crises momentanées de
paresse absolue, et, si je dois, pour la neuvième fois,
nettoyer derrière lui, laver son linge, faire sa soupe
et lui caresser la tête, je le fais tout simplement.

Seulement, je souris quand il se félicite et se dit :
«Pas mal, mon vieux, t'as bien fait.» Ses crises ani-
males, d'une part, et ses numéros d'indifférence,
d'autre part, sont surprenants. Je ne peux m'empêcher de le prendre dans mes bras quand il est détes-
table, quand il peste ou quand il souffre en silence,
comme s'il portait l'injustice du monde sur ses
pauvres épaules.

Je pourrais aimer un homme parce qu'il est foutrement homme. Singulièrement et foutrement homme, pour ma foutue fierté féminine. Il aurait du mal avec moi parce que, parfois, je lui balancerais ma condamnation de son sexe directement à la figure, et cela, aucun homme ne l'avale facilement. Il deviendrait livide le jour où je le menacerais de vivre dorénavant avec des femmes, parce qu'elles sont de meilleures amies. Mais l'amour devrait supporter ces coups de lance. Mes armes sont honnêtes et loyales. Elles ne tendent pas d'embuscade. Les siennes ne devraient pas le faire non plus. En revanche, les envoyer dans le dos provoque des bagarres.

Mais il ne faut pas en arriver là. J'aime mon homme avec un plaisir profond et une ardeur... désespérément féminine.

38

Max

Le 3 octobre 1993, fête nationale de la Réunification, était un jour blafard. Le squelette nu de la
vérité gisait sur la table d'autopsie de l'histoire,
répandant une odeur pestilentielle. Des personnes
intègres essayaient de tout humaniser en prononc-
çant des phrases sages. Les cloches sonnaient la fin
d'une bonté impitoyable. Le 3 octobre se déroulait
comme on fête l'Ascension dans le quartier juif
orthodoxe de Jérusalem : pas de prime de jour férié.
En Allemagne, les églises devraient se remplir bientôt. Les arbres frémissaient dans le deuil du commerce. L'été était si définitivement terminé que l'hiver devait forcément arriver. Pas une âme, pas un
calice ne pouvait l'empêcher. Chaque mois, on passait des éponges imprégnées de vinaigre sur les
comptes. Des coups de lance marquaient les jours
de paie. Avant la chute du Mur, les jours de l'Est
n'apparaissaient pas sur le calendrier de la viabilité
et de la valeur.

A Sydney, c'était le printemps. Eté et légèreté
s'annonçaient. Sydney est une très belle ville, géné-

reuse. La vue sur la mer, le vaste paysage et la gentillesse des gens promettaient un enchantement. Dans cette béatitude totale régnait l'ennui culturel, ce qui poussait tous les regards curieux vers l'architecture de l'opéra en forme de moule. Dans cette ville, on ne sait pas jouer avec le feu. Tout invite à penser que les jeux Olympiques de l'an 2000 seront certainement des jeux pacifiques.

Ici, à Berlin, il commençait à faire froid. Les feuilles ornementales tombaient. Des mots décoratifs cherchaient des zones de repli. Le déménagement de Bonn devait camoufler les complexes de cet automne, et si les ceintures, à force d'être trop serrées, devaient étrangler leurs porteurs, qu'elles soient au moins ornées d'insignes rappelant la capitale et le siège du gouvernement. Oui, c'était bien, les cinq zéros arrivaient doucement à destination. Cinq puits vides cachaient les noyés.

Cette fin de siècle aurait pu aussi bien commencer avec des coups de trompette. L'alternative, à savoir l'arrivée d'hommes politiques ennuyeux dans le tripot de la grande ville, semblait embarrasser même le maire. Il est évident qu'ils doivent venir à Berlin, mais pas en première classe, s'il vous plaît. Et qu'apportent-ils de la navette spatiale de Bonn? Des mentalités de pays de cocagne? Mais je ne voulais pas parler de cela. Une fois de plus, ça m'a prise comme ça, lorsque j'ai été contrainte d'écouter le murmure de la radio dans le taxi.

Mon nez coulait et mes narines étaient endolories par le rhume. Je n'entendais plus rien depuis trois jours. Le vol pour Paris, deux jours avant, avait trop comprimé mon inflammation de l'oreille interne. La veille, j'avais donné un concert à Lille, j'étais sourde au son et au public, cela créait une certaine distance. Une variante intéressante. Dieu merci, ma voix n'était pas trop atteinte. Il faut que j'aie vraiment beaucoup d'ennuis pour annuler un concert. De retour à Berlin, mes oreilles toujours insensibles au son et mes narines bouchées, je n'avais pas d'autre choix que d'annuler le vol pour San Francisco prévu le lendemain matin. Et finalement, ce n'était pas plus mal. Le destin avait placé la balle dans mon camp. De toute façon, j'en avais assez d'être tout le temps en avion.

J'étais revenue d'Australie même pas cinq jours auparavant. Je n'avais pas encore digéré les vingt-cinq heures de vol de Melbourne à Berlin, via Sydney, Bangkok et Londres. Les concerts à Melbourne, Sydney, Adélaïde s'étaient bien passés, notamment celui au Sydney Opera House. Je me sentais maintenant comme un certain jour du début du mois d'août de l'année en question. Les festivals dans le sud de la France, en Italie et à Salzbourg, les rencontres et autres occupations me fatiguaient et j'étais torturée par l'envie de rentrer chez moi. Et, une fois de plus, je détestais tout cela. Mon entraînement quotidien du soir effectué, je m'étais allongée, fatiguée, sur le lit d'hôtel, dans une ville quelconque, et j'avais laissé courir mes pensées.

Une chose était sûre : quelque chose dans ma vie, pourtant relativement comblée et pleine de succès, m'ennuyait profondément. Depuis quelques années, j'avais la possibilité de réaliser mes propres créations, laissant libre cours à mon imagination sur scène de manière satisfaisante. J'avais ma vie et mon travail, une qualité de vie personnelle.

Je suis allongée, j'entends le sang circuler dans mon corps et je sens chaque tendon, chaque coin et recoin de moi-même. Depuis de nombreuses années, je travaille dur, je m'affine, m'essore, me teste et m'amuse. Je connais mon instrument, mes moyens d'expression, même si je me suis souvent laissé emporter dans des sphères inconnues. Je me suis donc allongée et me suis subitement rendu compte qu'une dimension de ma vie était étouffée depuis longtemps. Mes relations privées et professionnelles m'avaient appris à cultiver tolérance et générosité. Malgré cela, je restais le centre unique de ma vie. Passionnée, j'avais vécu pendant des années dans la fièvre de la musique et du théâtre.

Et, allongée sur un lit d'hôtel d'une ville quelconque un jour d'août, j'ai été envahie d'une inspiration soudaine.

J'ai dit à mon ami, qui attendait depuis longtemps ce moment, que j'aimerais avoir un enfant.

Depuis, tout a changé.

C'est arrivé, et Max a commencé à exister dans l'excitation, la joie, l'angoisse et la nervosité.

Les changements des premiers mois m'ont empêchée de penser à autre chose. Les ouvrages de Jacques Prévert, que je voulais étudier pour mon prochain disque, restaient négligemment posés dans un coin. Rien au monde n'aurait pu me pousser à les prendre en main. Les fax atterrissaient dans la poubelle sans que je les aie lus. Je remettais à plus tard études de musique et autres travaux. Les seuls livres que je lisais sans m'interrompre, avec une excitation pathologique et obsessionnelle, traitaient de la grossesse, en français, en allemand, en anglais, bref, tout ce que je dénichais. J'avais presque dévalisé le Virgin Megastore des Champs-Elysées. Mon ami avait pillé les librairies du quartier de Kreuzberg à Berlin. Nous avons fait le bonheur des libraires de Sydney, Melbourne, Londres et Hambourg. J'avais une collection, en trois langues, de livres sur les bébés traitant de leurs manifestations les plus incroyables que je croyais découvrir en moi à longueur de temps. J'avais du mal à penser que tout se passerait normalement. Y avait-il autre chose à faire, à part attendre et bien manger? Pas mal, comme occupation.

Néanmoins, les concerts me procuraient un plaisir énorme. La peur initiale d'expulser quelque chose de mon ventre à cause de ma respiration forte, abrupte et presque violente, a vite disparu.

Mon ventre grossissait et j'étais complètement excitée. Dix-huit ans tout au plus. Totalement folle. Je bombardais de questions le médecin. J'étais redevenue une enfant. Je sentais monter en moi de vieilles envies de poupées. Comme une idiote, je me suis engouffrée dans le rôle de vieille commère que j'avais dénigré auparavant. Je suis devenue le prototype idéal pour la presse à scandales. J'avais envie de communiquer ma joie à presque tout le monde. Les interviews données à Paris achoppaient toujours au même point. Par exemple, cette question : «Pourquoi ne faites-vous pas de peinture actuellement?» J'aurais aimé crier au nez du journaliste : «Parce que je suis enceinte, pauvre con, parce que je suis enceinte, pauvre idiot, parce que je ne veux pas nuire au bébé par des odeurs de térébenthine et d'huile. Tu comprends, pauvre journaliste borné?» Mais, polie, je répondais seulement : «J'ai pas le temps.» Simple et idiot.

J'étais incroyablement heureuse, et Max grandissait. J'ai gonflé comme une méduse. L'idéal de beauté s'est transformé. Tous les top models devenaient terriblement ennuyeux, seules les femmes enceintes étaient encore belles. Je devenais un gigantesque vaisseau maternel. Formidable!

La terre est une femme.

Quelque chose était posé en moi qui dressait l'oreille. Une sorte de pote qui me connaissait sans vraiment le savoir, qui partageait le jour et la nuit avec moi, ma fatigue et l'épuisement, qui vivait et supportait ma joie et mon énergie, qui me faisait des clins d'œil. J'ignorais s'il se sentait bien ou non.

La seule vraie vie à deux dans la seule vie solitaire. Il était mon mystérieux ami le plus proche, le porteur de mon secret, mon nid, et j'étais le sien. Une coexistence sans prétention, une tolérance mutuelle sans problème, le reflet le plus fidèle du rapport avec sa propre mère.

J'ai toujours eu conscience du fait que ces moments de prise de conscience étaient éphémères et, de temps en temps, je souhaitais rester toujours enceinte. Que l'être humain est bête, égoïste et faible! Le compagnon silencieux sera prochainement un personnage criant et trépignant qui saura ce qu'il veut.

Le temps file. Je ne compte plus les tournées mais les trimestres. Pleine d'orgueil, j'arrive au dernier. Le ventre devient grand et rond, à mon avis il menace d'exploser bientôt. Les seins gonflent voluptueusement. Ils pourraient très facilement être d'un volume un peu plus modeste. Mais, bon Dieu, ma volonté ne semble pas avoir d'emprise sur les hormones. Sinon, tout est merveilleux, et encore plus merveilleux que merveilleux. Le petit monstre boxe et donne des coups de pied. Le ventre lève et se bombe comme un tremblement de terre.

L'échographie a révélé que ce serait un garçon. Et quel garçon! A l'aide de cet appareil, tout est mesuré, comptabilisé et commenté. On nous donne même une cassette vidéo de ce petit homme-poisson qui s'appellera Max. Quels souvenirs pour plus tard! Quelle rencontre que celle de l'être humain avec les premiers mois de sa vie à l'intérieur de l'utérus! Comment aurais-je réagi face à une vision tellement incroyable de mon existence?

Nos mains tâtonnent et caressent ensemble le ventre, mais en réalité elles cherchent le petit bonhomme. Jusque-là, tout va bien. Néanmoins, je suis un peu nerveuse et inquiète au sujet de la santé de l'enfant. Quelles complications pourrait-il y avoir? Des cauchemars hypocondriaques me poursuivent jour et nuit : pourvu que le petit aille bien!

Je travaille dur jusqu'à la fin du sixième mois. Je donne des concerts en Angleterre, en Italie, en France et en Allemagne. L'enregistrement d'un disque se prolonge dix jours jusque tard dans la nuit. En plus, je dois passer plusieurs fois à la télévision et j'ai bien d'autres obligations. C'est tout simplement trop. Je dois faire attention car je sens que j'ai dépassé mes limites physiques. De toute façon, chanter est devenu difficile ces derniers temps. La respiration se restreint, ainsi que la liberté d'action du diaphragme. Je vis avec la peur constante que le ballon n'éclate. Le rire est plus large, les yeux plus grands. *It's fucking great!*

Pendant les septième et huitième mois, je tourne à Paris *Prêt à porter* de Robert Altman. Nous nous connaissons depuis quatre ans. Il a assisté à mes concerts à Londres et New York. Il envisage depuis un certain temps de réaliser un film avec moi, qui ne pourra probablement pas se faire avant quelques années. Il voulait simplement savoir comment nous travaillerions ensemble et s'est décidé à me donner un rôle dans *Prêt à porter*. Au début, je devais interpréter un agent de mannequins, mais ensuite je suis tombée enceinte. Par ailleurs, la production a été retardée de six mois. Je suis donc ronde et pleine pendant le tournage. Altman réécrit simplement mon rôle et j'interprète maintenant un mannequin qui attend un enfant et qui, du haut de ses talons de dix centimètres, cherche à rendre responsables de sa grossesse plusieurs hommes. Le tournage est chaotique. Les vrais défilés de Dior, Christian Lacroix, Mugler, Gaultier et d'autres servent de décors. Nous devons tout le temps nous précipiter pour improviser dans la foule. De manière générale, le scénario est étonnamment léger. Tous les acteurs, y compris Sophia Loren, Mastroianni, Julia Roberts, Tim Robbins, Tracy Ullman et beaucoup d'autres, connus ou inconnus, inventent leurs dialogues. Souvent, il y a trois caméras et Altman s'occupe seulement de coordonner le chaos. Cette aventure est à la fois fascinante et frustrante. Chacun a peur de sombrer. L'équipe, de crainte que le bébé ne s'annonce dans ce désordre, est prudente et adorable avec moi. Mais le petit garçon prend les choses avec calme.

Enceinte de plus de huit mois, j'enregistre un disque dans un studio parisien. *City of Strangers* est une compilation de chansons écrites par Sondheim, Prévert, Kosma, Tucholsky et d'autres, qui me demande toute ma force. Le bébé adoré se fait toujours attendre, je peux donc terminer ce travail. Bruno Fontaine fait la musique et les arrangements comme s'il était Dieu et Diable à la fois : nous enregistrons chaque jour, jusque tard dans la nuit. Je chante assise sur un tabouret, appuyée au dossier, et je suis très fière que mon volume de résonance ait augmenté à ce point. Max m'écoute. Il danse et gigote en rythme. Je crois voir là son penchant pour la musique.

Cinq jours après la fin de l'enregistrement, je roule vers l'hôpital. Fin mai 1994, Max est là. Qu'est-ce que ça veut dire, «là»? Il est omniprésent dans mon existence. Et terriblement affamé. Du lait, du lait et encore du lait, puis sa journée se termine. Fatiguée, le soir, j'étire ma colonne vertébrale maltraitée, essayant d'imaginer un long et profond sommeil ou une nuit de dix heures comme j'en ai connu jadis. Quand il pleure à tue-tête, j'essaie de le calmer en chantant. Il me regarde d'un air étonné comme s'il se souvenait de quelque chose. Souvent, ce calmant marche bien. Cette nouvelle tâche qui englobe tout me fascine et me fait glisser dans une peau de bonheur, toute de soie, mais elle met mes nerfs à nu. Le doute m'envahit : réussirai-je à concilier maternité et profession ? J'ai formé un enfant à partir de moi et maintenant je dois me compléter moi-même.

Mon propre espace de temps et de liberté semble avoir disparu. Il ne me manque pas. Et je m'étonne de ma volonté inconditionnelle de donner et de prendre des responsabilités. Mes trente prochaines années seront différentes, radicalement différentes. Les décisions sont prises depuis longtemps, les voies tracées. J'ai installé une nouvelle lumière dans ma vie qui obscurcit les autres ou les submerge.

Et je n'ai plus le temps de réfléchir au passé ni de fouiller dans les abîmes du souvenir.

Je suis entrée dans un nouvel univers.

Discographie

1987   *Life is a Cabaret*, CBS.

1988   *Ute Lemper sings Kurt Weill* (vol. 1), Decca.

1989   *Crimes of Heart*, CBS.

1990   *The Three Penny Opera*, Decca.
        The Seven Deadly Sins, Decca.

1991   *Prospero's Books/Michael Nyman*, Decca.
        Michael Nyman Song-Book, Decca.

1992   *Illusions*, Decca.

1993   *Ute Lemper sings Kurt Weill* (vol. 2), Decca.
        Espace indécent, Ute Lemper/Art Mengo, Polydor.

1995   *City of Strangers*, Decca.

1996   *Berlin Cabaret Songs*, Decca.

1997   *Espace indécent* (version anglaise), Polydor.
        Nuits Étranges, Polydor.

Filmographie

1989   *L'Autrichienne*, de Pierre Granier-Deferre.

1990   *Jean Galmot, aventurier*, d'Alain Maline.
        Prospero's Books, de Peter Greenaway.
        Pierre qui brûle, de Léo Kaneman.

1992   *Moscou Parade*, d'Ivan Dikhovichni.

1993   *Coupable d'innocence*, de Marcin Ziebinski.

1994   *Prêt à porter*, de Robert Altman.

1996   *Bogus*, de Norman Jewison.

1997   *Combat de fauves*, de Benoît Lamy.

1997   *River made to drown in*, de Jame Merendino.

1997   *Appetite*, de George Milton.

Remerciements

Je remercie de tout cœur Harald Fischer, Horst Wandrey, Franck Schumann et Christina Becker pour leur soutien.

Table

1. Vienne : le dernier métro 9
2. Des âmes en plexiglas 11
3. Des chaussons de danse sous le sapin de Noël 14
4. Etudes viennoises 29
5. Miaulements et grincements 34
6. Le réveil à Berlin 39
7. *Cabaret,* Savary et compagnie 53
8. Francfort et autres impasses 68
9. Le plateau et la recherche de l'équilibre 71
10. Camarades de classe 88
11. Perspectives 90
12. L'union monétaire : récit unilatéral ... 94
13. Une question sans réponse 97
14. Hymne national 100
15. Béjart, Bush et autres diables 104
16. Michael Nyman 108
17. Moscou 114
18. Dégingandé, noir et juif 121
19. La diva en plein jour 127
20. Même les anges ont des sentiments ... 129
21. Colères 133
22. Nicaragua 139

23. La fondation Kurt Weill 153
24. Notes berlinoises 159
25. Qu'en dirait Brecht? 170
26. Want to buy some illusions 178
27. Les mains pleines de térébenthine ... 183
28. Dans la toile d'araignée 187
29. Le tic-tac de l'inquiétude 188
30. La fin de la tolérance ça 190
31. Ça 191
32. Barbara et John 192
33. Le sida 197
34. Heure de consultation 200
35. Du bétail à engraisser 203
36. Les femmes 207
37. Les hommes 210
38. Max 213

Discographie...................... 223
Filmographie 225

La composition de cet ouvrage
*a été réalisée par l'**Imprimerie Bussière**,*
l'impression et le brochage ont été effectués
sur presse Cameron
*dans les ateliers de **Bussière Camedan Imprimeries***
à Saint-Amand-Montrond (Cher),
pour le compte des Éditions Albin Michel.

Achevé d'imprimer en février 1997.
N° d'édition : 16301. N° d'impression : 388-4/235.
Dépôt légal : mars 1997.